U0613169

 新时代乡村振兴百问百答丛书　　何　丞/主编

懂法律树新风

百问百答

武玉坤/编著

SPM
南方出版传媒
广东人民出版社
·广州·

图书在版编目（CIP）数据

农民懂法律树新风百问百答/武玉坤编著. —广州：广东人民出版社，2019.9（2023.7重印）

（新时代乡村振兴百问百答丛书）

ISBN 978-7-218-13690-5

Ⅰ.①农… Ⅱ.①武… Ⅲ.①法律—中国—问题解答 Ⅳ.①D920.5

中国版本图书馆 CIP 数据核字（2019）第 136855 号

NONGMIN DONG FALÜ SHU XINFENG BAIWENBAIDA

农民懂法律树新风百问百答

武玉坤　编著

版权所有　翻印必究

出 版 人：肖风华

责任编辑：卢雪华　李宜励
封面设计：末末美书
插画绘图：詹颖钰
责任技编：吴彦斌　周星奎

出版发行：广东人民出版社
地　　址：广州市越秀区大沙头四马路 10 号（邮政编码：510199）
电　　话：（020）85716809（总编室）
传　　真：（020）83289585
网　　址：http://www.gdpph.com
印　　刷：三河市华东印刷有限公司
开　　本：889mm×1194mm　1/32
印　　张：5.125　字　数：120 千
版　　次：2019 年 9 月第 1 版
印　　次：2023 年 7 月第 4 次印刷
定　　价：23.00 元

编委会

主　　编　　武玉坤

编写人员　　曾　欣　肖裕凡

　　　　　　洪荧荧

《新时代乡村振兴百问百答丛书》

总 序

党的十九大提出实施乡村振兴战略，是以习近平同志为核心的党中央着眼党和国家事业全局，深刻把握现代化建设规律和城乡关系变化特征，顺应亿万农民对美好生活的向往，对"三农"工作作出的重大决策部署，是新时代做好"三农"工作的总抓手。习近平总书记十分关心乡村振兴工作，多次对乡村振兴工作作出部署或者具体指示。比如，2017 年 12 月习近平总书记主持召开中央农村工作会议，对走中国特色社会主义乡村振兴道路作出全面部署；2018 年 7 月，习近平总书记对实施乡村振兴战略作出重要指示，强调各地区各部门要充分认识实施乡村振兴战略的重大意义，把实施乡村振兴战略摆在优先位置，坚持五级书记抓乡村振兴，让乡村振兴成为全党全社会的共同行动；2018 年 9 月，习近平总书记在十九届中共中央政治局第八次集体学习会上，深刻阐述了实施乡村振兴战略的重大意义、总目标、总方针、总要求，强调实施乡村振兴战略要按规律办事，要注意处理好长期目标和短期目标的关系、顶层设计和基层探索的关系、充分发挥市场决定性作用和更好发挥政府作用的关系、增强群众获得感和适应发展阶段的关系；
2018 年 12 月，在中央农村工作会议上，习近平总书记对做好
"三农"工作作出重要指示，要求深入实施乡村振兴战略，对
标全面建成小康社会必须完成的"硬任务"，适应国内外环境
变化对我国农村改革发展提出的新要求，统一思想、坚定信心、
落实工作，巩固发展农业农村好形势。中共中央国务院也先后
出台了《关于实施乡村振兴战略的意见》和《乡村振兴战略规
划（2018—2022 年）》，对乡村振兴工作作了安排部署。

　　面对新时代新形势新任务新要求，我们深深感到，习近平
总书记关于做好"三农"工作的重要论述，是实施乡村振兴战
略、做好新时代"三农"工作的理论指引和行动指南。可以
说，我们在乡村振兴工作实践中遇到的一切问题，都可以从习
近平总书记的论述中找到答案，那是我们推进乡村振兴工作实
践的教科书。另一方面，广大农民和农村基层党员干部、"三
农"工作者迫切需要把思想和行动统一到党中央关于"三农"
工作的一系列决策部署上来，准确把握习近平总书记重要讲话
和批示指示的丰富内涵和精神实质，坚持用习近平总书记关于
做好"三农"工作的重要论述武装头脑、指导实践、推动
工作。

　　鉴于此，我们策划了这套《新时代乡村振兴百问百答丛
书》。丛书准确把握习近平总书记关于实施乡村振兴的重要讲
话精神，按照乡村振兴"产业兴旺、生态宜居、乡风文明、治
理有效、生活富裕"的总要求，从农村基层党建、产业乡村、
美丽乡村、幸福乡村、平安乡村、文明乡村、健康乡村、富裕
乡村、安全乡村等九个方面为切入点，帮助与引导相结合，既

宣讲中央精神，引导广大农民充分发挥在乡村振兴中的主体作用，也阐述了农民和农村基层党员干部、"三农"工作者急迫需要知晓的乡村振兴政策法规知识和科学常识，在乡村振兴路上为农民释疑解惑。

丛书的几位编者或出身农民，或从事农村基层工作，又或从事"三农"的科研教学。编者们既能学懂弄通习近平总书记和中央关于"三农"工作的精神和政策法规，也懂农民，懂"三农"工作者，所以丛书有如下几个特点：

一是农民需要。结合新时代乡村振兴的特点，紧跟农民紧迫需要，普及知识政策与教育引导相结合。讲鼓励、扶持政策，也讲限制、禁止的法律法规。

二是方便实用。丛书采取一问一答的形式，立足于农民和农村基层党员干部、"三农"工作者的实际需求，方便随时查阅。每个主题又独立成册，有独立的逻辑框架，政策性、知识性和实用性、指导性相结合。

三是农民看得懂。通俗易懂，尊重农民和农村基层干部阅读习惯，提问精准，符合农民和农村基层干部实际需要，答问文字晓畅清晰、科学准确。

四是生动有趣。丛书面向全国读者，没有地域局限性，有典型案例或者视频介绍，帮助读者理解。

当然，鉴于时间和编者水平有限等因素，丛书难免有所错漏，欢迎广大读者批评指正。

丛书主编 何丞

2019 年 8 月

目 录
CONTENTS

第一章 乡村振兴：乡风文明是保障，治理有效是基础

第二章 农村常用法律知识

第三章 繁荣兴盛农村文化

第四章 焕发乡风文明新气象

第一章

乡村振兴：乡风文明是保障，治理有效是基础

?

新型职业农民
创新培训组织课堂

1. 乡村振兴为什么需要文化振兴？

习近平总书记对实施乡村振兴战略作出重要指示："要坚持乡村全面振兴，抓重点、补短板、强弱项，实现乡村产业振兴、人才振兴、文化振兴、生态振兴、组织振兴，推动农业全面升级、农村全面进步、农民全面发展。"

乡村振兴，既要塑形，也要铸魂。没有乡村文化的高度自信，没有乡村文化的繁荣发展，就难以实现乡村振兴的伟大使命。实施乡村振兴战略，要物质文明和精神文明一起抓，既要发展产业、壮大经济，更要激活文化、提振精神，繁荣兴盛农村文化。要把乡村文化振兴贯穿于乡村振兴的各领域和全过程，为乡村振兴提供持续的精神动力。习近平总书记指出："要推动乡村文化振兴，加强农村思想道德建设和公共文化建设，以社会主义核心价值观为引领，深入挖掘优秀传统农耕文化蕴含的思想观念、人文精神、道德规范，培育挖掘乡土文化人才，弘扬主旋律和社会正气，培育文明乡风、良好家风、淳朴民风，改善农民精神风貌，提高乡村社会文明程度，焕发乡村文明新气象。"

2. 乡风文明在乡村振兴中的作用是什么?

《中共中央　国务院关于实施乡村振兴战略的意见》提出,乡村振兴,乡风文明是保障。必须坚持物质文明和精神文明一起抓,提升农民精神风貌,培育文明乡风、良好家风、淳朴民风,不断提高乡村社会文明程度。

实施乡村振兴战略,深入挖掘农耕文化蕴含的优秀思想观念、人文精神、道德规范,结合时代要求在保护传承的基础上创造性转化、创新性发展,有利于在新时代焕发出乡风文明的新气象,进一步丰富和传承中华优秀传统文化。

3. 乡村治理,为什么要以文化人?

习近平总书记曾指出,我国农耕文明源远流长、博大精深,要在实行自治和法治的同时,注重发挥德治的作用,推动礼仪之邦、优秀传统文化和法治社会建设相辅相成。以文化人,推动社会的有效治理,是中国国家治理的重要特点。在历史上,国家治理的理想境界是"文治武功"，对内以文化人，人们自觉依据规范，无须外在的强制，从而实现"皇帝无为天下治"。而在全面建成小康社会的当今，以文化人，通过文化进行治理，仍然是国家治理的重要手段。

4. 乡风文明建设都包括哪些内容？

根据《中共中央　国务院关于实施乡村振兴战略的意见》，乡风文明建设有如下几点：

（1）加强农村思想道德建设。以社会主义核心价值观为引领，坚持教育引导、实践养成、制度保障三管齐下，采取符合农村特点的有效方式，深化中国特色社会主义和中国梦宣传教育，大力弘扬民族精神和时代精神。加强爱国主义、集体主义、社会主义教育，深化民族团结进步教育，加强农村思想文化阵地建设。深入实施公民道德建设工程，挖掘农村传统道德教育资源，推进社会公德、职业道德、家庭美德、个人品德建设。推进诚信建设，强化农民的社会责任意识、规则意识、集体意识、主人翁意识。

（2）传承发展提升农村优秀传统文化。立足乡村文明，吸取城市文明及外来文化优秀成果，在保护传承的基础上，创造性转化、创新性发展，不断赋予时代内涵、丰富表现形式。切实保护好优秀农耕文化遗产，推动优秀农耕文化遗产合理适度利用。深入挖掘农耕文化蕴含的优秀思想观念、人文精神、道德规范，充分发挥其在凝聚人心、教化群众、淳化民风中的重要作用。划定乡村建设的历史文化保护线，保护好文物古迹、传统村落、民族村寨、传统建筑、农业遗迹、灌溉工程遗产。支持农村地区优秀戏曲曲艺、少数民族文化、民间文化等传承发展。

（3）加强农村公共文化建设。按照有标准、有网络、有内容、有人才的要求，健全乡村公共文化服务体系。发挥县级公共文化机构辐射作用，推进基层综合性文化服务中心建设，实现乡村两级公共文化服务全覆盖，提升服务效能。深入推进文化惠民，公共文化资源要重点向乡村倾斜，提供更多更好的农村公共文化产品和服务。支持"三农"（农村、农业、农民）题材文艺创作生产，鼓励文艺工作者不断推出反映农民生产生活尤其是乡村振兴实践的优秀文艺作品，充分展示新时代农村农民的精神面貌。培育挖掘乡土文化本土人才，开展文化结对帮扶，引导社会各界人士投身乡村文化建设。活跃繁荣农村文化市场，丰富农村文化业态，加强农村文化市场监管。

（4）开展移风易俗行动。广泛开展文明村镇、星级文明户、文明家庭等群众性精神文明创建活动。遏制大操大办、厚葬薄养、人情攀比等陈规陋习。加强无神论宣传教育，丰富农民群众精神文化生活，抵制封建迷信活动。深化农村殡葬改革。加强农村科普工作，提高农民科学文化素养。

5. 繁荣发展乡村文化的整体要求是什么？

中共中央、国务院印发的《乡村振兴战略规划（2018—2022 年)》提出，繁荣发展乡村文化要坚持以社会主义核心价值观为引领，以传承发展中华优秀传统文化为核心，以乡村公共文化服务体系建设为载体，培育文明乡风、良好家风、淳朴民风，推动乡村文化振兴，建设邻里守望、诚信重礼、勤俭节约的文明乡村。繁荣发展乡村文化的具体内容主要有如下几个方面：

（1）加强农村思想道德建设。具体包括践行社会主义核心价值观、巩固农村思想文化阵地和倡导诚信道德规范。

（2）弘扬中华优秀传统文化。具体包括保护利用乡村传统文化、重塑乡村文化生态和发展乡村特色文化产业。

（3）丰富乡村文化生活。具体包括健全公共文化服务体系、增加公共文化产品和服务供给及广泛开展群众文化活动。

6. 中央构建乡村治理新体系有什么要求？

《中共中央　国务院关于实施乡村振兴战略的意见》提出，

乡村振兴，治理有效是基础。必须把夯实基层基础作为固本之策，建立健全党委领导、政府负责、社会协同、公众参与、法治保障的现代乡村社会治理体制，坚持自治、法治、德治相结合，确保乡村社会充满活力、和谐有序。构建乡村治理新体系，需要从如下几个方面入手：

（1）加强农村基层党组织建设。扎实推进抓党建促乡村振兴，突出政治功能，提升组织力，抓乡促村，把农村基层党组织建成坚强战斗堡垒。强化农村基层党组织领导核心地位，创新组织设置和活动方式，持续整顿软弱涣散的村党组织，稳妥有序开展不合格党员处置工作，着力引导农村党员发挥先锋模范作用。建立选派第一书记工作长效机制，全面向贫困村、软弱涣散村和集体经济薄弱村党组织派出第一书记。实施农村带头人队伍整体优化提升行动，注重吸引高校毕业生、农民工、机关企事业单位的优秀党员干部到村任职，选优配强村党组织书记。健全从优秀村党组织书记中选拔乡镇领导干部、考录乡镇机关公务员、招聘乡镇事业编制人员制度。加大在优秀青年农民中发展党员力度。建立农村党员定期培训制度。全面落实村级组织运转经费保障政策。推行村级小微权力清单制度，加大基层小微权力腐败惩处力度。严厉整治惠农补贴、集体资产管理、土地征收等侵害农民利益的不正之风和腐败问题。

（2）深化村民自治实践。坚持自治为基，加强农村群众性自治组织建设，健全和创新村党组织领导的充满活力的村民自治机制。推动村党组织书记通过选举担任村民委员会主任。发挥自治章程、村规民约的积极作用。全面建立健全村务监督委员会，推行村级事务阳光工程。依托村民会议、村民代表会议、村民议事会、村民理事会、村民监事会等，形成民事民议、民事民办、民事民管的多层次基层协商格局。积极发挥新乡贤作用。推动乡村治理重心下移，尽可能把资源、服务、管理下放到基层。继续开展以村民小组或自然村为基本单元的村民自治试点工作。加强农村社区治理创新。创新基层管理体制机制，整合优化公共服务和行政审批职责，打造"一门式办理""一站式服务"的综合服务平台。在村庄普遍建立网上服务站点，逐步形成完善的乡村便民服务体系。大力培育服务性、公益性、互助性农村社会组织，积极发展农村社会工作和志愿服务。集中清理上级对村级组织考核评比多、创建达标多、检查督查多等突出问题。维护村民委员会、农村集体经济组织、农村合作经济组织的特别法人地位和权利。

（3）建设法治乡村。坚持法治为本，树立依法治理理念，强化法律在维护农民权益、规范市场运行、农业支持保护、生态环境治理、化解农村社会矛盾等方面的权威地位。增强基层干部法治观念、法治为民意识，将政府涉农各项工作纳入法制化轨道。深入推进综合行政执法改革向基层延伸，创新监管方式，推动执法队伍整合、执法力量下沉，提高执法能力和水平。建立健全乡村调解、县市仲裁、司法保障的农村土地承包经营纠纷调处机制。加大农村普法力度，提高农民法治素养，引导广大农民增强尊法学法守法用法意识。健全农村公共法律服务体系，加强对农民的法律援助和司法救助。

（4）提升乡村德治水平。深入挖掘乡村熟人社会蕴含的道德规范，结合时代要求进行创新，强化道德教化作用，引导农民向上向善、孝老爱亲、重义守信、勤俭持家。建立道德激励约束机制，引导农民自我管理、自我教育、自我服务、自我提高，实现家庭和睦、邻里和谐、干群融洽。广泛开展好媳妇、好儿女、好公婆等评选表彰活动，开展寻找最美乡村教师、医生、村官、家庭等活动。深入宣传道德模范、身边好人的典型事迹，弘扬真善美，传播正能量。

（5）建设平安乡村。健全落实社会治安综合治理领导责任制，大力推进农村社会治安防控体系建设，推动社会治安防控力量下沉。深入开展扫黑除恶专项斗争，严厉打击农村黑恶势力、宗族恶势力，严厉打击黄赌毒盗拐骗等违法犯罪。依法加大对农村非法宗教活动和境外渗透活动打击力度，依法制止利用宗教干预农村公共事务，继续整治农村乱建庙宇、滥塑宗教造像的行为。完善县、乡、村三级综合治理中心功能和运行机制。健全农村公共安全体系，持续开展农村安全隐患治理。加强农村警务、消防、安全生产工作，坚决遏制重特大安全事故。探索以网格化管理为抓手、以现代信息技术为支撑，实现基层服务和管理精细化、精准化。推进农村"雪亮工程"① 建设。

---

① 指以县乡村三级综治中心为指挥平台、以综治信息化为支撑、以网格化管理为基础、以公共安全视频监控联网应用为重点的"群众性治安防控工程"。

7. 新时代"枫桥经验"到底是什么？

"枫桥经验"形成于社会主义建设时期，发展于改革开放新时期，创新于中国特色社会主义新时代，经历了从社会管制到社会管理再到社会治理的两次历史性飞跃。实践充分证明，"枫桥经验"是党领导人民创造的一整套行之有效的社会治理方案，是新时代政法综治战线必须坚持、发扬的"金字招牌"。"枫桥经验"有哪些秘诀呢？

（1）党组织要成为基层社会治理的"领头雁"。20世纪60年代创造的"枫桥经验"之所以至今充满生机和活力，最根本的原因就在于把党的领导落实到基层；党建引领，是新时代"枫桥经验"的政治灵魂。特别是党的十八大以来，各地积极探索社会治理新思路、新举措，推动"枫桥经验"从地方精致的"盆景"上升为全国精彩的"风景"，让党组织的服务管理触角延伸到社会治理各个末梢，确保了基层社会治理的正确方向。有效整合政府力量资源，形成平安联创的格局是"枫桥经验"很重要的一个方面。新时代"枫桥经验"的一个突出亮点，就是以开放性架构吸纳各方力量参与社会治理，形成分工负责、良性互动的治理模式，实现优势互补、无缝协作。

（2）最大限度赢得民心、汇集民力、尊重民意。"枫桥经验"一路走来，为了人民、依靠人民是其永恒的生命线，也是其创新发展的基本点。基层社会治理的成效怎么样，人民群众最有发言权、评判权。要加大群众意见在绩效考评中的权重，努力使考核导向、评价标准与群众的意愿相符合，真正把评判的"表决器"交到群众手中。

（3）把基层治理的权力真正交给人民群众。自治、法治、德治"三治融合"源于基层实践，是"枫桥经验"创新发展的重大成果，也是新时代"枫桥经验"的精髓所在。自治必须依法，权力必须接受监督。要坚持以自治为基础、法治为保障、德治为先导，优化基层社会治理体系，提高社会治理社会化、法治化、智能化、专业化水平。

（4）把各类风险防范在源头、化解在基层、消灭在萌芽状态。"小事不出村，大事不出镇，矛盾不上交，就地化解。"把社会治理的着眼点放到前置防线、前瞻治理、前端控制、前期处置上来，提高预测、预警、预防能力，最大限度把各类风险防范在源头、化解在基层、消灭在萌芽状态。

（5）进一步建设好基层政法综治单位。要从基层最小单元、最小细胞抓起，进一步建设好综治中心、公安派出所、社区警务站、司法所、人民法庭等基层政法综治单位，充分发挥其贴近群众的天然优势，筑牢社会和谐稳定的根基。

8. 习近平如何论家教？

在《习近平谈治国理政》（第二卷）中，习近平总书记谈到，家庭是人生的第一个课堂，父母是孩子的第一任老师。有什么样的家教，就有什么样的人，家庭教育涉及很多方面，但最重要的是品德教育，是如何做人的教育。青少年是家庭的未来和希望，更是国家的未来和希望。古人都知道，养不教，父之过。家长应该担负起教育后代的责任，因为父母对子女的影响很大，往往影响终身。

父母要重言传、重身教，教知识、育品德，身体力行、言传身教，帮助孩子扣好人生的第一颗扣子，迈好人生的第一个台阶。要在家庭中培育和践行社会主义核心价值观，引导家庭成员特别是下一代热爱党、热爱祖国、热爱人民、热爱中华民族。要积极传播中华民族传统美德，传递尊老爱幼、男女平等、夫妻和睦、勤俭持家、邻里团结的观念，倡导忠诚、责任、亲情、学习、公益的理念，推动人们在为家庭谋幸福、为他人送温暖、为社会作贡献的过程中提高精神境界、培育文明风尚。

9. 习近平如何论家风？

在《习近平谈治国理政》（第二卷）中，习近平总书记谈到，家风是社会风气的重要组成部分。家风好，就能家道兴盛、和顺美满；家风差，难免殃及子孙、贻害社会，正所谓"积善之家，必有余庆；积不善之家，必有余殃。"

广大家庭要弘扬优良家风，以千千万万家庭的好家风支撑起全社会的好风气。

10. 习近平如何论传统文化?

在《习近平谈治国理政》（第二卷）中，习近平总书记谈到，不忘历史才能开辟未来，善于继承才能善于创新。优秀传统文化是一个国家、一个民族传承和发展的根本，如果丢掉了，就割断了精神命脉。我们要善于把弘扬优秀传统文化和发展现实文化有机统一起来，紧密结合起来，在继承中发展，在发展中继承。

传统文化在其形成和发展过程中，不可避免会受到当时人们的认识水平、时代条件、社会制度的局限性的制约和影响，因而也不可避免会存在陈旧过时或已成为糟粕性的东西。这就要求人们在学习、研究、应用传统文化时……坚持古为今用、以古鉴今，坚持有鉴别的对待、有扬弃的继承，而不能搞厚古薄今、以古非今，努力实现传统文化的创造性转化、创新性发展，使之与现实文化相融相通，共同服务以文化人的时代任务。

11. 习近平如何论文化自信?

在《习近平谈治国理政》（第二卷）中，习近平总书记谈到，希望大家坚定文化自信，用文艺振奋民族精神。实现中华民族伟大复兴，必须坚定中国特色社会主义道路自信、理论自信、制度自信、文化自信。创作出具有鲜明民族特点和个性的优秀作品，要对博大精深的中华文化有深刻的理解，更要有高度的文化自信。广大文艺工作者要善于从中华文化宝库中萃取精华、汲取能量，保持对自身文化理想、文化价值的高度信心，保持对自身文化生命力、创造力的高度信心，使自己的作品成为激励中国人民和中华民族不断前行的精神力量。

文化自信，是更基础、更广泛、更深厚的自信，是更基本、更深沉、更持久的力量。坚定文化自信，是事关国运兴衰、事关文化安全、事关民族精神独立性的大问题。没有文化自信，不可能写出有骨气、有个性、有神采的作品。

12. "一村一品"是什么?

"一村一品"是指，在一定区域范围内，以村为基本单位，按照国内外市场需求，充分发挥本地资源优势，通过大力推进规模化、标准化、品牌化和市场化建设，使一个村（或几个村）拥有一个（或几个）市场潜力大、区域特色明显、附加值高的主导产品和产业。

13. "一县一业"是什么?

"一县一业"是指，在一定区域范围内，以县政府为基本单位，以生产企业为实施主体，以零售企业为需求导向，在县域范围内优选和发展资源丰富、产业集中度高、发展潜力大、比较优势显著的主导产品和企业。农业部对已成为县域经济主要支撑、农民就业增收主要渠道、农村产业兴旺主要领域的18个"一县一业"全国农产品加工业发展典型进行集中宣传，推介其打造全产业链，推动农村一二三产业融合发展的做法经验，为各地产业发展提供参考和借鉴。

这些发展典型主要呈现如下五个特点：

（1）产业规模大。河南正阳花生种植面积超过170万亩，产量53万吨，现有新型农业经营主体3687家。山东金乡大蒜种植面积超过70万亩，产值占全县种植业总产值的75%，有加工贮藏企业1720多家，有蒜油、蒜粉等深加工产品40多种，出口量占全国同类产品出口总量的70%以上。湖北潜江虾稻综合产值已超过180亿元。贵州兴仁薏仁交易量占全球市场份额的 70% 以上。

（2）农民就业增收多。河北平泉食用菌从业人数 12 万，增加农民人均纯收入 4600 元，辐射带动周边 6 个省区 20 多个市县。江苏盱眙龙虾从业人数超过 10 万。甘肃七里河百合种植户超过 1.1 万户，增加农民人均纯收入 6849.2 元。宁波余姚榨菜从业人数约 15 万，农民人均可支配收入 2.65 万元。

（3）产业链条长。广东新会陈皮有柑普茶、陈皮酒等 100 多个产品，创设了"陈皮银行""果树众筹"等陈皮金融模式。山西怀仁肉羊已形成饲草种植加工、羊羔育肥、屠宰加工、羊绒加工、肠衣加工、有机肥加工等全产业链条。河北鸡泽辣椒有 4 大系列 200 多个产品。

（4）农业功能范围广。安徽岳西茶叶形成了生产、加工、养生休闲旅游于一体的"茶叶 + 休闲农业"模式，创建一大批茶叶体验观光园（区）。浙江常山油茶加工产值 4 亿元以上，芳村森林小镇等油茶旅游体验中心促进了"产文景旅"相互融合，实现了"卖油"向"卖游"转变。

（5）品牌影响力大。福建福鼎白茶现有中国驰名商标和中国名牌农产品 6 件，福建省著名商标和名牌农产品 26 件。青海都兰枸杞标准化生产示范基地、绿色食品基地、欧盟 ECOCERT 等国际认证有机食品面积分别占全县枸杞种植面积的 65%、31% 和 20%。青岛莱西花生已认证无公害、绿色、有机花生产品 23 个，年加工出口花生 18 万吨，占全国出口总量的 41.8%。

14. 新乡贤是什么?

新乡贤是指,心系乡土、有公益心的社会贤达。一般包括乡籍的经济能人、社会名流和文化名人,财富、权力、声望是其外在表现形式,公益性是其精神内心。

15. 乡贤咨询委员会是什么?

乡贤咨询委员会是指当地有德行、有才能、有威望、有影响的贤达人士参与组建的,凝聚乡贤力量,充分发挥乡贤的亲缘、人缘、地缘优势,弘扬优秀文化,推进基层协商民主,提高基层治理能力,为基层稳定发展提供有力支撑的咨询性委员会。

广东省潮州市政府在《关于探索建立乡贤创建"文明村居"咨询委员会的通知》中明确表明,乡贤咨询委员会人员"由籍贯在当地(指本村、社区),或成长、工作在当地以及姻亲关系在当地,有德行、有才能、有威望、有影响的社会贤达组成"。它甚至包括专业技术人员、民间人才、在本地创业的优秀外来人才。

在《广东乡村治理现代化的实践与探索》第四章中提到，近几年来，云浮市以"乡情、乡思、乡愁"为纽带，以"致富思源、扶贫济困、德行并重、反哺家乡"为基本宗旨，在农村普遍建立乡贤理事会，让本土有才德、有才能且深为当地民众尊重的人参与乡村事务，协助"两委"开展治理活动，构建党组织领导下的"村事民议，民事村议"的新格局，走出一条乡村多元共治的新路子。

16. 新乡贤和旧乡贤有什么区别？

从利益来看，传统乡贤是村庄利益的直接相关者，新乡贤是村庄利益的间接相关者。

从结构来看，传统乡贤是村庄的必然组成部分，新乡贤是村庄的增量行动者。

从功能来看，传统乡贤是村庄秩序的守护者，新乡贤是村庄发展的推动者。

从历史使命来看，传统乡贤是封建统治阶级在基层社会的代言人，新乡贤是现代乡村治理的时代精英。

从主体范围来看，传统乡贤主要是返乡官僚、乡绅以及由此衍生的封建士大夫阶层，新乡贤是由宗族长老、老党员、乡村教师、基层干部、企业家、海外华侨、外来人士等构成。

从社会功能来看，传统乡贤承担着兴办文化事业、传承文化、教化民众的责任，参与地方管理，维护乡村秩序，新乡贤致力于社会主义新农村建设和推动乡村治理。

17. 新型职业农民是什么？

《"十三五"全国新型农民培育发展规划》指出，新型职业农民是以农业为职业、具有相应的专业技能、收入主要来自农业生产经营并达到相当水平的现代农业从业者。

新型农民与传统农民的差别在于，前者是一种主动选择的"职业"，后者是一种被动烙上的"身份"。新型职业农民可分为生产经营型、专业技能型和社会服务型三种类型。新型职业农民概念的提出，意味着"农民"是一种自由选择的职业，而不再是一种被赋予的身份。从经济角度来说，它有利于劳动力资源在更大范围内的优化配置，有利于农业、农村的可持续发展和城乡融合发展，尤其是在当前人口红利萎缩、劳动力资源供给持续下降的情况下，更是意义重大；从政治和社会角度来说，它更加尊重人的个性和选择，更能激发群众的积极性和创造性，更符合"创新、协调、绿色、开放、共享"的发展理念。

18. 新型职业农民的基本特征是什么？

新型职业农民的基本特征有以下几点：

（1）新型职业农民是市场主体。

（2）全职务农，把务农作为终身职业。

（3）具有高度的社会责任感和现代观念，有文化、懂技术、会经营，对生态、环境、社会和后人承担责任。

（4）具有"能创业"的特点。

（5）具备较大经营规模，具有较高收入。

（6）有较高的社会地位，受到社会的尊重。

19. 新型职业农民需要具备的基本素质有哪些？

新型职业农民需要具备的基本素质有以下几点：

（1）要有新观念：主体观念、开拓创新观念、法律观念、诚信观念等。

（2）要有新素质：科技素质、文化素质、道德素质、心理素质、身体素质等。

（3）要有新能力：发展农业产业化能力、农村工业化能力、合作组织能力、特色农业能力等。

20. 新型职业农民的基本类型有哪些?

新型职业农民具体来说可分为生产经营型、专业技能型和社会服务型三种类型。

（1）"生产经营型"新型职业农民，是指以家庭生产经营为基本单元，充分依靠农村社会化服务，开展规模化、集约化、专业化和组织化生产的新型生产经营主体。主要包括专业大户、家庭农场主、专业合作社带头人等。

（2）"专业技能型"新型职业农民，是指在农业企业、专业合作社、家庭农场、专业大户等新型生产经营主体中，专业从事某一方面生产经营活动的骨干农业劳动力。主要包括农业工人、农业雇员等。

（3）"社会服务型"新型职业农民，是指在经营性服务组织中或个体从事农业产前、产中、产后服务的农业社会化服务人员，主要包括跨区作业农机手、专业化防治植保员、村级动物防疫员、沼气工、农村经纪人、农村信息员及全科农技员等。

"生产经营型"新型职业农民是全能型、典型的职业农民，是现代农业中的"白领"；"专业技能型"和"社会服务型"新型职业农民是现代农业中的"蓝领"，他们是"生产经营型"新型职业农民的主要依靠力量，是现代农业不可或缺的骨干农民。

21. 新型职业农民的培训制度包含什么内容？

（1）制度体系。培育新型职业农民，不是一项简单的教育培训任务，需要从环境、制度、政策等层面引导和扶持，重点是要构建包括教育培训、认定管理、扶持政策等相互衔接、有机联系的国家制度体系。

教育培训。教育培训是新型职业农民培育制度体系的核心内容，这是由新型职业农民"高素质"的鲜明特征决定的，要做到"教育先行、培训常在"。对新型职业农民的教育培养应从三方面考虑：一是对种养大户等骨干对象，要通过教育培训使之达到新型职业农民能力素质要求；二是对经过认定的新型职业农民，要开展从业培训，使之更好地承担相关责任和义务；三是对所有新型职业农民，要开展经常性培训，使之不断提高生产经营能力。

认定管理。认定管理是新型职业农民培育制度体系的基础和保障，只有通过认定，才能确认新型职业农民，才能扶持新型职业农民。一是明确认定条件；二是制定认定标准；三是实施动态管理。

扶持政策。制定扶持政策是新型职业农民培育制度体系的重要环节，只有配套真正具有含金量的扶持政策，才能为发展现代农业、建设新农村打造一支用得着、留得住的新型职业农民队伍。主要包括土地流转、生产扶持、金融信贷、农业保险、社会保障等方面政策。

（2）培育形式。新型职业农民作为未来农业生产的主力军，还是一支新生力量，需要在实践中给予更多的帮扶、鼓励与培育。

①加强新型职业农民教育培训体系建设；

②开展多种形式的教育培训，培养职业农民素质（重点抓好普及性培训、职业技能培训、农民学历教育）；

③创新培育培训内容和方式；

④专业合作组织、典型示范引领、创业实践助推新型职业农民成长。

（3）教育培训。大力培育新型职业农民，这是中共中央国务院站在"三化"同步发展全局，解决未来"谁来种田"问题作出的重大决策，抓住了农业农村经济发展的根本和命脉。

对于新型职业农民，要加大政策扶持力度。要释放一个强烈的信号，让他们有尊严、有收益、多种田、种好田。要通过规模种植补贴、基础设施投入、扶持社会化服务等来引导提高农民职业化水平。在政策上必须要从补贴生产向补贴"职业农民"转变，在制度上必须建立"新型职业农民资格制度"，科学设置"新型职业农民"资格的门槛。

　　培育新型职业农民呼唤大力发展农民教育培训事业。新型职业农民需要教育培训，教育培训可以加速推进新型职业农民成长。培养新型职业农民必须要根据不同层次需求，有针对性分类开展教育培训。一是要针对农业生产和农民科技文化需求，以农业实用技术为重点，广泛开展大众化普及性培训。充分利用广播、电视、互联网等媒体手段，将新品种、新技术、新信息，以及党的强农富民政策、农民喜闻乐见的健康娱乐文化编辑成媒体教学资源送进千家万户、送到田间地头；组织专家教授、农技推广人员、培训教师将关键农时、关键生产环节的关键技术集成化、简单化，编辑成好看、易懂的教学资源，综合运用现场培训、集中办班、入户指导、田间咨询等多种方式，宣传普及先进农业实用技术，提高农民整体素质，使广大职业农民的知识和能力在日积月累中不断提高。二是要依托农民培训和农业项目工程，以规模化、集约化、专业化、标准化生产技术，以及农业生产经营管理、市场营销等知识和技能为主要内容，对广大青壮年农民、应往届毕业生免费开展系统的职业技能培训，使其获得职业技能鉴定证书或绿色证书。对有一定产业基础、文化水平较高、有创业愿望的农民开展创业培训，并通过系统技术指导、政策扶持和跟踪服务，帮助他们增强创业意识、掌握创业技巧、提高创业能力，不断发展壮大新型职业农民队伍。三是大力推进送教下乡，采取进村办班、半农半读等多种形式，将学生"上来学"变为"送下去教"，吸引留乡务农的人，特别是村组干部、经纪人、种养大户以及农村青年在家门口就地就近接受正规化、系统化职业教育。

22. 如何培育新型职业农民?

要全面建立职业农民制度,培养新一代爱农业、懂技术、善经营的新型职业农民,优化农业从业者结构。实施新型职业农民培育工程,支持新型职业农民通过弹性学制参加中高等农业职业教育。创新培训组织形式,探索田间课堂、网络教室等培训方式,支持农民专业合作社、专业技术协会、龙头企业等主体承担培训。鼓励各地开展职业农民职称评定试点。引导符合条件的新型职业农民参加城镇职工养老、医疗等社会保障制度。

第二章

农村常用法律知识

农民懂法律树新风百问百答

23. 农村常见犯罪有哪些？

（1）放火罪。放火罪，是指故意放火焚烧公私财物，危害公共安全的行为。根据《中华人民共和国刑法》（以下简称《刑法》）第一百一十四条和第一百一十五条规定，犯放火罪的，尚未造成严重后果的，处三年以上十年以下有期徒刑；致人重伤、死亡或使公私财产遭受重大损失的，处十年以上有期徒刑、无期徒刑或者死刑。

（2）投毒罪。投毒罪，是指故意投放毒害性物质，危害公共安全的行为。根据我国《刑法》第一百一十四条和第一百一十五条规定，犯投毒罪的，尚未造成严重后果的，处三年以上十年以下有期徒刑；致人重伤、死亡或者使公私财产遭受重大损失的，处十年以上有期徒刑、无期徒刑或者死刑。

（3）破坏电力设备罪。破坏电力设备罪，是指故意破坏电力设备，危害公共安全的行为。根据我国《刑法》第一百一十八条和第一百一十九条规定，破坏电力设备，危害公共安全，尚未造成严重后果的，处三年以上十年以下有期徒刑；造成严重后果的，处十年以上有期徒刑、无期徒刑或者死刑。

（4）故意杀人罪。故意杀人罪，是指故意非法剥夺他人生命的行为。我国《刑法》第二百三十二条规定，故意杀人的，处死刑、无期徒刑或者十年以上有期徒刑；情节较轻的，处三年以上十年以下有期徒刑。故意杀人罪是行为犯，只要行为人实施了故意杀人的行为，就构成故意杀人罪。由于生命权利是公民人身权利中最基本、最重要的权利，因此，不管被害人是否实际被杀，不管杀人行为处于故意犯罪的预备、未遂、中止等哪个阶段，都构成犯罪，都应当立案追究。

（5）故意伤害罪。故意伤害罪，是指故意非法损害他人身体健康的行为。我国《刑法》第二百三十四条规定，故意伤害他人身体的，处三年以下有期徒刑、拘役或者管制。犯前款罪，致人重伤的，处三年以上十年以下有期徒刑；致人死亡或者以特别残忍手段致人重伤造成严重残疾的，处十年以上有期徒刑、无期徒刑或者死刑。

（6）强奸罪。强奸罪，是指违背妇女意志，使用暴力、胁迫或者其他手段，强行与妇女发生性关系的行为，或者故意与不满十四周岁的幼女发生性关系的行为。我国《刑法》第二百三十六条规定，以暴力、胁迫或者其他手段强奸妇女的，处三年以上十年以下有期徒刑。奸淫不满十四周岁的幼女的，以强奸论，从重处罚。强奸妇女、奸淫幼女，有下列情形之一的，处十年以上有期徒刑、无期徒刑或者死刑：

①强奸妇女、奸淫幼女情节恶劣的；

②强奸妇女、奸淫幼女多人的；

③在公共场所当众强奸妇女的；

④二人以上轮奸的。

⑤致使被害人重伤、死亡或者造成其他严重后果的。

（7）收买被拐卖妇女、儿童罪。收买被拐卖妇女、儿童罪，是指不以出卖为目的，收买被拐卖妇女、儿童的行为。根据我国《刑法》第二百四十一条规定，收买被拐卖的妇女、儿童的，处三年以下有期徒刑、拘役或者管制。收买被拐卖的妇女，强行与其发生性关系的，依照《刑法》第二百三十六条的规定定罪处罚。收买被拐卖的妇女、儿童，非法剥夺、限制其人身自由或者有伤害、侮辱等犯罪行为的，依照《刑法》的有关规定定罪处罚。收买被拐卖的妇女、儿童，并有第二款、第三款规定的犯罪行为的，依照数罪并罚的规定处罚。收买被拐卖的妇女、儿童又出卖的，依照《刑法》第二百四十条的规定定罪处罚。收买被拐卖的妇女、儿童，对被买儿童没有虐待行为，不阻碍对其进行解救的，可以从轻处罚；按照被买妇女的意愿，不阻碍其返回原居住地的，可以从轻或者减轻处罚。

（8）暴力干涉婚姻自由罪。暴力干涉婚姻自由罪，是指以暴力手段干涉他人结婚和离婚自由的行为。依照我国《刑法》第二百五十七条规定，以暴力干涉他人婚姻自由的，处二年以下有期徒刑或者拘役。犯前款罪，致使被害人死亡的，处二年以上七年以下有期徒刑。第一款罪，告诉的才处理。

（9）重婚罪。重婚罪，是指有配偶而与他人结婚或明知他人有配偶而与之结婚的行为。对重婚罪，我国《刑法》第二百五十八条规定，犯重婚罪的，处二年以下有期徒刑或者拘役。

（10）虐待罪。虐待罪，是指虐待家庭成员，经常以打骂、冻饿、禁闭、有病不给医治或者强迫过度劳动等办法，从肉体和精神上进行摧残折磨，情节恶劣的行为。根据我国《刑法》第二百六十条规定，虐待家庭成员，情节恶劣的，处二年以下有期徒刑、拘役或者管制。犯前款罪，致被害人重伤、死亡的，处二年以上七年以下有期徒刑。第一款罪，告诉的才处理，但被害人没有能力告诉，或者因受到强制、威吓无法告诉的除外。

（11）遗弃罪。遗弃罪，是指对于年老、年幼、患病或者其他没有独立生活能力的人，负有扶养义务而拒绝扶养，情节恶劣的行为。依照我国《刑法》第二百六十一条规定，对于年老、年幼、患病或者其他没有独立生活能力的人，负有扶养义务而拒绝扶养，情节恶劣的，处五年以下有期徒刑、拘役或者管制。

（12）赌博罪。赌博罪，是指以营利为目的，聚众赌博、开设赌场或者以赌博为业的行为。根据我国《刑法》第三百零三条规定，以营利为目的，聚众赌博或者以赌博为业的，处三年以下有期徒刑、拘役或者管制，并处罚金。开设赌场的，处三年以下有期徒刑、拘役或者管制，并处罚金；情节严重的，处三年以上十年以下有期徒刑，并处罚金。

（13）非法占用农用地罪。非法占用农用地罪，是指违反土地管理法规，非法占用农用地数量较大，造成耕地大量毁坏的行为。根据我国《刑法》第三百四十二条规定，违反土地管理法规，非法占用耕地改作他用，数量较大，造成耕地大量毁坏的，处五年以下有期徒刑或者拘役，并处或者单处罚金。

24. 农村常见纠纷的解决方法有哪些？

（1）人民调解。根据《中华人民共和国人民调解法》第二条，人民调解，是指人民调解委员会通过说服、疏导等方法，促使当事人在平等协商基础上自愿达成调解协议，解决民间纠纷的活动。

（2）仲裁。仲裁，是指由纠纷当事人在达成协议的基础上，将争议提交非司法机构的第三者审理，由该第三者对争议进行评判并作出裁决的一种解决民事争议的方法。根据《中华人民共和国仲裁法》（以下简称《仲裁法》）的第二条规定，平等主体的公民、法人和其他组织之间发生的合同纠纷和其他财产权益纠纷，可以仲裁。这项规定明确了三条原则：一是发生纠纷的双方当事人必须是民事主体，包括国内外法人、自然人和其他合法的具有独立主体资格的组织；二是仲裁的争议事项应当是当事人有权处分的；三是仲裁范围必须是合同纠纷和其他财产权益纠纷。

根据《仲裁法》第三条，下列纠纷不能仲裁：

①婚姻、收养、监护、扶养、继承纠纷；

②依法应当由行政机关处理的行政争议。

（3）民事诉讼。根据《中华人民共和国民事诉讼法》，民事诉讼就是民事官司，是指当事人之间因民事权益矛盾或者经济利益冲突，向人民法院提起诉讼，人民法院立案受理，在双方当事人和其他诉讼参与人的参加下，经人民法院审理和解决民事案件、经济纠纷案件和法律规定由人民法院审理的特殊案件的活动，以及这些诉讼活动中所产生的法律关系的总和。通俗地讲，就是当自身的人身和经济的合法权益受到侵害时，当事人通过打民事官司，达到制裁民事违法行为，保护自己的合法权益的目的。

（4）农村土地承包经营纠纷调解仲裁。农村土地承包经营纠纷仲裁，是指农村土地承包经营纠纷仲裁机构针对农村土地承包经营纠纷当事人的仲裁请求和事实理由，依照相关法律法规及政策，对农村土地承包经营纠纷作出裁决意见的行政仲裁活动。发生农村土地承包经营纠纷的，当事人可以自行和解，也可以请求村民委员会、乡（镇）人民政府等调解。当事人和解、调解不成或者不愿和解、调解的，可以向农村土地承包仲裁委员会申请仲裁，也可以直接向人民法院起诉。农村土地承包经营纠纷调解和仲裁，应当公开、公平、公正，便民高效，根据事实，符合法律，尊重社会公德。

根据《中华人民共和国农村土地承包经营纠纷调解仲裁法》第二条，农村土地承包经营纠纷包括：

①因订立、履行、变更、解除和终止农村土地承包合同发生的纠纷；

②因农村土地承包经营权转包、出租、互换、转让、入股等流转发生的纠纷；

③因收回、调整承包地发生的纠纷；

④因确认农村土地承包经营权发生的纠纷；

⑤因侵害农村土地承包经营权发生的纠纷；

⑥法律、法规规定的其他农村土地承包经营纠纷。

（5）信访。根据《信访条例》，信访是指公民、法人或者其他组织采用书信、电子邮件、传真、电话、走访等形式，向各级人民政府、县级以上人民政府工作部门反映情况，提出建议、意见或者投诉请求，依法由有关行政机关处理的活动。采用前款规定的形式，反映情况，提出建议、意见或者投诉请求的公民、法人或者其他组织，称信访人。

各级人民政府、县级以上人民政府工作部门应当做好信访工作，认真处理来信、接待来访，倾听人民群众的意见、建议和要求，接受人民群众的监督，努力为人民群众服务。各级人民政府、县级以上人民政府工作部门应当畅通信访渠道，为信访人采用本条例规定的形式反映情况，提出建议、意见或者投诉请求提供便利条件。任何组织和个人不得打击报复信访人。

（6）法律援助条例。《法律援助条例》是为保障经济困难的公民获得必要的法律服务，促进和规范法律援助工作而制定的，是国家在司法制度运行的各个环节和各个层次上，对因经济困难及其他因素而难以通过通常意义上的法律救济手段保障自身基本社会权利的社会弱者，减免收费，提供法律帮助的一项法律保障制度。根据《法律援助条例》第十条，公民对下列需要代理的事项，因经济困难没有委托代理人的，可以向法律援助机构申请法律援助：

①依法请求国家赔偿的；

②请求给予社会保险待遇或者最低生活保障待遇的；

③请求发给抚恤金、救济金的；

④请求给付赡养费、抚养费、扶养费的；

⑤请求支付劳动报酬的；

⑥主张因见义勇为行为产生的民事权益的。

申请途径：所有行政法律援助；所有民事法律援助；部分刑事法律援助；指定辩护；应当指定辩护的刑事案件；可以指定辩护的刑事案件。

25. 违反民法应承担怎样的民事责任？

民事责任，是指民事主体（公民、法人或其他组织）由于侵犯了他人的财产权、人身权等或者不履行应尽的义务，所应承担的法律后果。民事纠纷发生的原因主要有两种：第一种是由于无义务的一方侵犯了他人的权利（例如，司机在行车过程中误伤他人）；第二种是由于一方不履行应尽的义务（例如，某公司没有为员工提供安全的工作环境使员工受伤）。凡是有侵权和不履行义务行为的，就要依法承担民事责任；没有承担民事责任能力的人是不承担民事责任的。

依据法律规定，公民是否具有承担民事责任能力，主要根据公民的年龄及其独立行为能力的大小而定。具体分为三种情况：

（1）承担完全民事责任的公民。完全民事行为能力人（即18周岁以上、神智健全的公民）应当独立并完全承担民事责任。

（2）承担部分民事责任的公民。"限制民事行为能力人"（即民事行为能力受到身心发育限制的人）指年龄在10周岁以上18周岁以下的未成年人，或不能完全辨认自己行为是非的精神病人。限制民事行为能力人，只能相应从事一部分民事活动，承担部分民事责任。

（3）完全不承担民事责任的公民。"无民事行为能力人"指年龄不满10周岁的未成年人（儿童），或完全不能辨认自己行为对错的精神病人。无民事行为能力人不直接负民事责任，他们需要由他们的监护人或称"法定代理人"（一般是其父母等成年近亲属）代理进行民事活动，并代为承担民事责任。

根据《中华人民共和国民法总则》第一百七十九条规定，公民承担民事责任的方式主要有11种：

①停止侵害；

②排除妨碍；

③消除危险；

④返还财产；

⑤恢复原状；

⑥修理、重作、更换；

⑦继续履行；

⑧赔偿损失；

⑨支付违约金；

⑩消除影响、恢复名誉；

⑪赔礼道歉。

26. 哪些婚姻是无效的？

根据《中华人民共和国婚姻法》第十条规定，有下列情形之一的，婚姻无效：

（1）重婚的。

（2）婚前患有医学上认为不应当结婚的疾病，婚后尚未治愈的。

（3）有禁止结婚的亲属关系的，即近亲结婚。

（4）未到法定婚龄的。

27. 子女由一方抚养，抚养费如何给付？

夫妻离婚后，一般情况下子女随父母中的一方生活，而不与子女共同生活的另一方也负有抚养教育义务。这一义务主要体现在抚育费的给付上。抚育费的给付期限，一般至子女18周岁为止。16周岁以上不满18周岁的子女，以其劳动收入为主要生活来源，并能维持当地一般生活水平的，父母可以停止给付抚育费。对尚在校接受高中及其以下学历教育，或者丧失或未完全丧失劳动能力等非因主观原因而无法维持正常生活的成年子女，父母仍有必要给付抚育费。抚育费的数额，可参考子女的实际需要、父母的负担能力，由当地的实际生活水平来确定。有固定收入的父母，抚育费一般可按其月总收入的20%～30%的比例给付。负担两个以上子女抚育费的父母，抚育费应按比例适当提高，但一般不得超过月总收入的50%。无固定收入的父母，抚育费的数额可依据当年总收入或同行业平均收入，参照上述比例确定。有特殊情况的，还可根据实际情况适当提高或降低抚育费的给付比例；一方无经济收入或下落不明的，可用其财产折抵其子女抚育费。抚育费的给付方式：可以定期给付（例如，有工资收入的，一般按月给付），有条件的可以一次性给付。

28. 公民如何立遗嘱才有效？

公民所立遗嘱须满足以下条件才能够具有法律效力：

（1）立遗嘱人必须是具有完全民事行为能力的人（即18周岁以上、神智健全的公民）。

（2）遗嘱必须表示立遗嘱人的真实想法，是由立遗嘱人自主地根据自己的利益和意志要求而订立的，受胁迫、欺骗所立的遗嘱无效。

（3）遗嘱的内容必须符合法律规范。其中应注意：遗嘱人以遗嘱处分了属于他人所有的财产，遗嘱的这一部分无效；遗嘱人未保留缺乏劳动能力又没有生活来源的继承人的遗产份额，遗嘱的该部分无效，遗产处理时，应当为该继承人留下必要的遗产，所剩余的部分，才可以参照遗嘱确定的分配原则处理。

（4）遗嘱必须具备法律规定的形式。《中华人民共和国继承法》（以下简称《继承法》）第十七条对遗嘱的形式作了规定，公证遗嘱由遗嘱人经公证机关办理。自书遗嘱由遗嘱人亲笔书写，签名，注明年、月、日。代书遗嘱应当有两个以上见证人在场见证，由其中一人代书，注明年、月、日，并由代书人、其他见证人和遗嘱人签名。以录音形式立的遗嘱，应当有两个以上见证人在场见证。遗嘱人在危急情况下，可以立口头遗嘱。口头遗嘱应当有两个以上见证人在场见证。危急情况解除后，遗嘱人能够用书面或者录音形式立遗嘱的，所立的口头遗嘱无效。遗嘱人所立遗嘱不符合上述形式的要求的，则不具有法律效力。

29. 被继承人生前所欠债务应如何处理?

《继承法》第三十三条规定，继承遗产应当清偿被继承人依法应当缴纳的税款和债务。根据这一规定，遗产既包括被继承人遗留的财产权利，也应包括其所欠的债务。当继承人继承财产权利时，也应同时继承债务。这样，既保护了继承人的继承权，也保护了被继承人的债权人的合法权益，充分体现了权利义务一致的社会主义法制原则。

被继承人生前债务的确定是债务继承的前提。被继承人生前债务应是被继承人生前以个人名义欠下的完全用于其个人需要的债务，如为满足个人爱好而欠下的债务，这种债务与家庭共同欠下的债务无关。家庭共同债务，是指用于全体家庭成员共同生活需要或者用于增添家庭共有财产等而欠下的债务，这种债务应由家庭共有财产偿还。被继承人死亡时的家庭共同债务，应如同分割家庭共有财产那样确定一部分由被继承人承担。接受继承的继承人对被继承人的生前债务并不承担无限清偿责任。我国《继承法》第三十三条规定，继承人缴纳税款和清偿债务应以他所继承的遗产的实际价值为限，超过遗产实际价值部分，继承人可不予偿还，但是继承人自愿偿还的不在此限。

在清偿被继承人生前债务时，应注意以下几个问题：

（1）如果继承人中有缺乏劳动能力又没有生活来源的人，即使遗产不足以清偿债务，也应为其保留适当遗产，然后再依法清偿债务。

（2）如果继承人放弃继承的，对被继承人依法应当缴纳的税款和债务可以不负偿还责任。

（3）如果遗产已被分割而未清偿债务，在既有法定继承又有遗嘱继承和遗赠的情况下，首先由法定继承人用其所得遗产清偿债务；不足清偿时，剩余的债务由遗嘱继承人和受遗赠人按比例用所得遗产偿还；如果只有遗嘱继承和遗赠的，由遗嘱继承人和受遗赠人按比例用所得遗产偿还。

30. 收养关系的成立应具备哪些条件？

收养条件是指收养关系各方当事人所应具备的条件，是收养关系成立的实质要件，涉及被收养人、收养人、送养人三方，只有这三方当事人都具备了法定条件，收养关系才能成立。

（1）被收养人需具备的条件如下：

①未满 14 周岁；

②丧失父母的孤儿；

③查找不到生父母的弃婴和儿童；

④生父母有特殊困难无力抚养的子女。

上述条件中，孤儿是指父母已经死亡或被宣告死亡的儿童；弃婴、弃儿是指被父母遗弃且查找不到生父母的婴孩和儿童；生父母有特殊困难无力抚养的子女，是指生父母因伤病残或经济困难等，无力抚养的儿童。

（2）收养人应同时具备的条件如下：

①无子女。即收养人不论是有配偶者还是无配偶者，必须无自己名义下的子女（包括生子女、养子女、继子女）。这里所说无子女，并非指不能生育者。如果有生育能力而不愿生育，要求收养子女的，只要具备相应条件，也可以收养子女。

②有抚养教育被收养人的能力。这是指收养人须是完全民事行为能力人，具备抚养被收养人的必要经济条件，具有良好的道德品质，能够从物质生活和教育等方面为被收养人提供良好的条件和环境，使被收养人身心健康地成长。

③未患有在医学上认为不应当收养子女的疾病。主要是指未患影响被收养人成长的精神病或其他严重疾病。这类病主要是指麻风病、精神分裂症、躁狂抑郁症和其他精神病或传染病。

④年满 30 周岁。这是取得收养人资格的最低法定年龄。不满 30 周岁的公民一般不得收养他人子女。若收养人为夫妻的，须夫妻双方均年满 30 周岁。另外，收养年满 10 周岁以上未成

年人的，应当征得被收养人的同意。

（3）送养人应具备的条件。送养人包括三种类型，即孤儿的监护人、社会福利机构和有特殊困难无力抚养子女的生父母。这三类送养人都应具备下述的特定条件：

①孤儿的监护人。监护人是指生父母以外的对未成年人负有监护责任的人。根据《中华人民共和国民法通则》（以下简称《民法通则》）的规定，在未成年人的生父母双亡或均丧失监护能力的情况下，该未成年人的祖父母、外祖父母、成年的兄妹以及关系密切的其他亲属朋友，可以担任未成年人的监护人；没有上述监护人的，由未成年人父、母的所在单位或者未成年人住所地的居民委员会、村民委员会或者民政部门担任监护人。上述公民或组织在担任监护人期间，可以依法送养被监护的未成年人。但须注意两点：第一，未成年人的父母均死亡的，该未成年人的监护人要求将其送养，须征得有抚养义务人的同意。有抚养义务的人不同意送养、监护人又不愿意继续履行监护职责时，应依照《民法通则》的有关规定，变更监护人。第二，未成年人的父母均不具备完全行为能力的，该未成年人的监护人不得将其送养，但父母对该未成年人有严重危害可能的，允许监护人将其送养。

②社会福利机构。社会福利机构是民政部门设立的、专门收容养育暂时无法查明生父母或监护人的弃儿、孤儿的社会组织。在中国，除了这类机构外，其他任何机构不得送养上述弃儿、孤儿。公民拾得弃婴、弃儿后，不得擅自将其收养，而应交当地的社会福利机构收容养育。若收养人自愿收养这些弃儿、孤儿的，则由抚养他们的社会福利机构作为送养人。

③生父母。第一，必须有特殊困难无力抚养子女。抚养未成年子女是父母的法定义务，在一般情况下，不允许父母通过送养转移抚养子女的义务。只有因身体或经济方面的特殊困难确实无力抚养子女的生父母，才可以将子女送养他人。第二，生父母送养子女，须双方共同送养。生父母离婚以后，一方要求送养子女的，须征得另一方同意，由双方共同送养。对于非婚生子女，也应由其生父母共同送养，生父母一方不明或查找不到的可以单方送养。第三，未成年子女的父母一方死亡后，另一方要求送养该子女的，死亡一方的父母有优先抚养的权利，送养须先征求死亡一方父母的意见；若他们愿意并有能力抚养该孙子女或外孙子女时，另一方就不得送养他人。

31. 邻里打架纠纷造成的损失如何赔偿？

邻里之间相处难免出现摩擦，如果邻里之间不能相互忍让、理解，乘一时之快，互相谩骂甚至大打出手，这种纠纷往往双方都应负有责任。打架造成的损害有三种情况：一是只有一方有人身或财产损失；二是双方都有人身或财产损失；三是打架造成了第三人的人身或财产损失。对第一、二种情况，要考虑分析造成双方原有纠纷的原因、打架事端由谁挑起、谁先动手、谁的情节严重等因素，根据过错程度各自赔偿给对方造成的损失。对第三者的损失，如果打架只有一方的过错，只由该方赔偿；如双方都有过错，应承担连带赔偿责任，即受害的第三人可以要求打架的任何一方赔偿损失，双方内部根据其过错程度分配负担程度，与受害人无关。当然，赔偿了第三人损失的一方，有权要求对方偿还已由他代为赔偿的份额。

32. 遇到加班时，要求用人单位支付多少报酬才算合理合法？

劳动者加班后有权利得到相应的加班报酬。根据《中华人民共和国劳动法》第四十四条第一款第一项规定，安排劳动者延长工作时间的，支付不低于工资的百分之一百五十的工资报酬。也就是说，如果劳动者原先的工资100元一天，那么他加班一天就应该得到不少于150元的报酬，以此类推。该条第二项规定，休息日安排劳动者工作又不能安排补休的，交付不低于工资的百分之二百的报酬。也就是说，如果劳动者被用人单位安排在休息日加班，又没有得到另外的补休假期，那么用人单位就该以不少于原先工资2倍的报酬给打工者。以前平均每天100元，加班报酬就应该是每天至少200元。该条第三项规定，法定休假日安排劳动者工作的，支付不低于工资的百分之三百的工资报酬。也就是说，春节、元旦、国庆节、五一国际劳动节等法律规定的休假日里，劳动者加班后应得到不少于平时报酬的3倍的加班报酬。另外，劳动部颁发的《工资支付暂行规定》中规定，对实行计件工作的劳动者，在完成劳动定额任务后，用人单位延长工作时间的，平日应当按 150%、休息日按 200%、节假日按 300% 的标准支付延长工时的劳动报酬。

33. 刑事案件怎样上诉，应注意哪些问题？

（1）判决和裁定。根据《中华人民共和国刑事诉讼法》（以下简称《刑事诉讼法》）第一百八十条第一款和第二款的规定，对一审刑事案件的判决和裁定，符合以下条件的人员可以进行上诉：

①被告人或者他们的法定代理人；

②被告人的辩护人和近亲属，但他们提出上诉必须经被告人同意；

③对刑事附带民事案件中的民事部分，被告人、原告人及他们的法定代理人，都可上诉。上诉时，既可用口头上诉，也可用书面上诉；既可向一审法院提出，也可直接向上一级人民法院提出。

（2）上诉。刑事案件上诉时，需要注意以下几方面的问题：

①上诉要在法定期限内提出。对判决不服，上诉期限为 10日；不服裁定的上诉期限为 5 日。在法定期限内上诉，一审的判决或裁定暂不生效，二审的判决或裁定即为终审的，才发生

法律效力。过了上诉期限再上诉，则上诉无效，应按一审的判决或裁定执行；

②除特殊情况外，上诉应该用书面形式，即提交上诉状。上诉要针对判决或裁定认定的事实和适用法律提出。

34. 怎样写刑事自诉状?

刑事自诉状是刑事自诉案件的被害人或者其法定代理人、近亲属依法直接向人民法院控告被告人罪行，请求予以制止并追究其刑事责任的书状。所谓"自诉"，是相对于人民检察院提起的"公诉"来说的。刑事自诉案件属于罪行较轻的一类案件。我国《刑事诉讼法》第一百一十四条规定，对于自诉案件，被害人有权向人民法院直接起诉。被害人死亡或者丧失行为能力的，被害人的法定代理人、近亲属有权向人民法院起诉。人民法院应当依法受理。最高人民法院《关于执行〈中华人民共和国刑事诉讼法〉若干问题的解释》第一百八十九条规定，自诉人应当向人民法院提交刑事自诉状。上述规定是刑事自诉状的基本依据。

（1）刑事自诉案件的类型。根据我国《刑法》规定，属于"自诉"的刑事案件有三种类型：

①法定"告诉才处理"的案件。包括侮辱、暴力干涉婚姻自由、虐待、侵占他人遗忘物等犯罪行为，具体如下列行为：

当众辱骂或羞辱他人；强行严重体罚折磨上课说话的小学生、淘气的幼儿园孩子；不孝之子不尽赡养义务、打骂父母，等等。对这些犯罪行为案件，只有受害人本人或其法定代理人、近亲属（夫、妻、父、母、子女、同胞兄弟姊妹）向人民法院控告（告诉），人民法院才会受理（不告不理）；

②被害人有证据证明的轻微刑事案件。包括故意伤害、非法侵入他人住宅、侵犯通信自由、重婚、遗弃、生产或销售伪劣商品、侵犯知识产权以及侵犯公民人身权利、民主权利、财产权利等案件；

③被害人有证据证明应当依法追究犯罪嫌疑人、被告人的刑事责任，而公安机关或人民检察院作出不予追究决定的案件。简单说，是应当提起公诉而未能提起公诉的案件。

案例：

一起侮辱尸体案。村民刘家兄弟的母亲久病不愈，出于迷信思想，认为是同村张某之父的坟在刘家自留山上，压住了"风水"造成的。于是在一天晚上，兄弟4人将张某之父的坟挖开，把棺材内的尸骨鞭打后抛弃山野，并砸坏其棺材和墓碑。张某向当地公安部门报案无果，便依据《刑法》第三百零二条"盗窃、侮辱尸体的，处三年以下有期徒刑、拘役或者管制"的规定，直接向人民法院提起刑事自诉。

（2）刑事自诉状的写作要求如下：
①提起刑事自诉要及时。

案例：

一起伤害案。李某、邓某因宅基地纠纷发生争斗，邓某耳膜穿孔，经鉴定为轻伤，邓某要求李某赔偿经济损失，李某答应，但迟迟不进行赔偿。7个月之后，邓某提起刑事自诉，李某只承认双方吵架事实，却否认动手打邓某，曾经为邓某提供证言的人，这时也改了口；而且邓某的伤情也已消失，结果邓某败诉。事实说明，打刑事自诉官司要及时。换句话说，要抓紧向法院递交刑事自诉状。

②要依据法律规定写明案由。刑事自诉案件，除第三种本该是"公诉"案件的之外，都有明确的案由，如诽谤、侮辱、虐待、重婚、遗弃等，一般属于案情轻微的刑事犯罪。应用法律规定的罪名用语写明诉状案由。

案例：

张某是某铁路医院离职院长之子，有一天，现任院长孙某给其父报销自费医药费，孙某没有答应当即报销，张某即指责孙某"刁难"，并当众大吵大嚷孙某收受其3000元，"不给报销就退钱！"次日又举着一个"贪官老孙索贿3000元"的大牌子在全医院作"广告"。后孙某以张某犯"诽谤罪"向法院提起刑事自诉，经法院主持调解，被告人张某愿意向自诉人孙某赔礼道歉，并在医院众人面前宣读"道歉书"。

③必须写明和提供证据。刑事自诉状属于"先发制人"的

诉状，其写作目的是请求法院追究被告人的刑事责任，这是相当严肃的法律行为，因此必须举出真实的犯罪证据，决不可提供伪证。写好事实与理由是关键。犯罪事实是判定案件性质的基础，刑事自诉状叙述犯罪事实，一须实事求是，不"添油加醋"；二须交代清楚情节要素，如起因，犯罪目的动机、时间、地点、手段，被侵害的人或财物，犯罪过程、后果等。叙述的层次，一般按照案情发生的时间先后写即可，但是应注意主次、详略。

（3）刑事自诉状的格式。

刑事自诉状

自诉人：姓名、性别、出生年月日、民族、籍贯、出生地、文化程度、职业或者工作单位和职务、住址等。

法定代理人：姓名、性别（与自诉人关系）、年龄、民族、出生地、文化程度、职业、工作单位、住址（自诉人是成年人的，此项不写）。

委托代理人：姓名、性别、民族、出生地、文化程度、职业、工作单位、住址（是律师的，只写姓名、工作单位和职务）。

被告人：姓名、性别、出生年月日（也可只写年龄）、民族、出生地、文化程度、职业、工作单位、职务、住址。

案由和诉讼请求

事实与理由

证人姓名和住址及其他证据名称、来源

此致

××人民法院受

附：本状副本_____份（注：根据对方当事人人数提供）。

起诉人：_____

_____年_____月_____日

35. 怎样写民事起诉状？

民事起诉状是民事纠纷一方的当事人因与他人发生人身、财产、经济争议而提请人民法院保护自己合法权益的书状。

（1）提起民事诉讼的条件如下：

①原告（民事受害人）必须是与本案有直接利害关系的公民、法人或组织，也就是说，只有直接受到民事不法侵害的人才可以起诉。

②有明确的被告（即必须写明侵权人是谁）。一般来说，民事被告应当是直接侵权人，但是也有例外情况。最高人民法院《关于适用〈中华人民共和国民事诉讼法〉若干问题的意见》第四十五条规定，个体工商户、农村承包经营户、合作组织雇佣的人员，在进行雇佣合同规定的生产经营活动中，造成他人损害的，其雇主是当事人。也就是说，雇佣人员虽然直接侵害了他人的民事合法权益，但不能当被告，而由其雇主当"被告"，否则法院会以"被告主体不合"为由驳回起诉。

③有详细具体的诉讼请求、事实和理由。

④属于人民法院受理民事诉讼的范围和受诉人民法院管辖。这一条件是提醒原告要注意纠纷性质，不要把刑事案件或行政案件混同为民事案件；另外，如果原告与被告不同在一个法院管辖之内，应依法向有管辖权的人民法院起诉，一般是实行"原告就被告"原则。

（2）民事起诉的要求如下：

①应当向人民法院递交起诉状（正本），并按照被告人数提出副本（内容与正本一样）；书写诉状确有困难的，也可以口头起诉。

②应当遵守民事起诉状的统一格式内容（民事起诉状的格式分为公民使用的和法人或其他组织使用的两种）。

③原告人数和诉讼形式应当符合案件实际。提起民事诉讼的原告和形式有三种：个人诉讼（1名原告）、共同诉讼（2~10名原告）、集团诉讼（10名以上原告）。集团诉讼一般是众多民事受害人的共同利益受到同一被告的不法损害，如土地资源、水源、草原、种子、化肥、农药等纠纷引发的诉讼。例如，2010年某月某日，某省某市3个乡6个镇的2340户农民，状告某农科贸有限责任公司销售不良稻种致其严重减产、经济损失200多万元，要求赔偿案。集团诉讼的原告姓名须全部写在起诉状上，但是可以派代表参加法庭审理活动。

④被告应当准确、齐全。被告必须确定，不可乱指，并且应根据实际写明单一被告或共同被告。例如，产品侵权案，受害人可以根据产品上的姓名、名称、商标等标识认定"产品制造者""生产者"，将其作为被告（《最高人民法院关于产品侵

权案件的受害人能否以产品的商标所有人为被告提起民事诉讼的批复》）。

⑤预交诉讼费。应在接到立案通知后 7 日内预交诉讼费；如确有困难，可以向法院申请缓、减、免交；如果原告既不预交诉讼费，也不申请缓、减、免交的，法院将按撤诉处理。

（3）民事起诉状的写作方法如下：

①正确写明当事人称谓及其身份事项。当事人一般包括原告、被告以及第三人（与本案纠纷有关、与裁判结果有利害关系者）。当事人如果是未成年人（未满 18 周岁），除写当事人本人之外，紧接下面写其法定代理人或由法院指定的"指定代理人"。其中，对当事人的各种身份事项必须填写准确，顺序不得错乱。例如，当事人的姓名必须按照身份证"一字不差"填写，否则会影响原告的诉讼效果。

案例：

某省某县村民钟某，曾经借村民李某现金 4.4 万元，钟某写了借条，"一年为期归还"，并签上钟某的名字。到期后，因钟某拖延不还，李某把钟某告上法庭，预交诉讼费 1810 元。在法庭审理中，钟某答辩说，原告李某起诉的不是我，名字不对。原来是起诉状把被告钟某的名字写错了一个字（把"福"误写为"富"），被告还认为李某侵犯了自己的"姓名权"，李某只好撤诉。法院同意李某撤诉，退回其诉讼费 905 元。李某撤诉后，后悔莫及，没想到错一个字，白赔了 900 多元！

②诉讼请求应注意合理合法、明确具体。诉讼请求是"打官司"的目的，其内容因案而异。大体分为三种：请求法院确

认或者变更某种关系，如收养关系、婚姻关系、合同关系等；请求法院判令被告进行财产、经济赔偿；请求法院判令被告对原告予以精神损害赔偿。诉讼请求必须合乎法律规定和人情事理，并须清楚适当，即依法请求法院支持、保护什么，明明白白，而且与原告所遭受的损失程度相当。

③扼要地写明事实与理由。民事起诉状能否被法院立案受理，立案受理后原告能否达到诉讼目的，关键在于事实与理由写得如何。"事实"也就是案情，"理由"也就是法律和情理。"事实"是判断案件是非的客观基础，"理由"是当事人依法对案情所作的主观分析，二者密不可分。在写作层次上，一般应当先叙述案件事实，然后紧接着阐述理由。说理不可脱离事实空发议论，应具体分析事实与法律之间的一致性或内在联系性。叙述事实须注意三点：实事求是写明案情原貌；交代原告与被告之间的法律关系（近亲属关系、邻里关系、合同关系等）；叙述清楚被告侵权行为的情节要素，包括起因、时间、地点、侵权行为、过程、侵害后果以及双方的争执点等。

⑤列举证据要真实、确凿、充分。民事起诉状也是属于"先发制人"的文书。为了达到诉讼请求的目的，其事实与理由必须有真凭实据。要求应根据所掌握的主要证据，写明证据名称（人证、书证、物证以及视听资料等）、来源；证据之间，应当注意互相印证，不可存在矛盾；特别应注意的一点是，绝对不可提供伪证。

（4）民事起诉状的格式。

民事起诉状

原告：姓名、性别、年龄（出生年月日）、民族、籍贯、职业或工作单位和职务、住址等。

法定代理人：姓名、性别、年龄、民族、籍贯、职业或工作单位和职务、住址，与原告的关系。

委托代理人：姓名、性别、年龄、民族、职业或工作单位和职务住址等（是律师的，只写姓名、工作单位和职务）。

指定代理人：姓名、性别、年龄、民族、职业或工作单位和职务、住址，与原告的关系。

被告：姓名、性别、年龄、民族、籍贯、职业或工作单位和职务、住址等（是法人和其他组织以及个体工商户的，应依次写明其名称、字号、地址、法定代表人、代表人或主要负责人姓名、职务、电话以及业主姓名等事项）。

第三人：姓名、性别、年龄、民族、籍贯、职业或工作单位和职务、住址等（是法人或其他组织以及个体工商户的，应写明其名称、字号、所在地址、法定代表人或代表人、主要负责人以及业主姓名等）。

诉讼请求

事实与理由

证据和证据来源、证人姓名和住址

此致

人民法院

附：本状副本＿＿＿＿＿份

起诉人：＿＿＿＿＿＿＿＿＿＿

＿＿＿＿年＿＿＿＿月＿＿＿＿日

36. 什么是仲裁？仲裁有哪些好处？

仲裁又称"公断"，是指双方当事人在争议发生前或争议发生后，自愿将他们之间的争议提交给双方所同意的仲裁机构居中裁决，当事人有义务执行裁决的一种解决争议的方法。仲裁这种解决争议的方式，比当事人自行协议解决争议和请第三者调解解决争议更具有权威性和公正性，同时也具有彻底性。此外，仲裁还具有诉讼所不具有的一些优点：首先是当事人享有很大的自主权，即仲裁不但须在双方当事人自愿的基础上进行，而且当事人还可以自主地选择仲裁机构和仲裁员，甚至还可以自主地选择仲裁地点、仲裁规则和所适用的实体法，这一点无疑有利于当事人之间和当事人与仲裁机关之间的交流，有利于公正、彻底地解决争议。其次是仲裁程序简单方便，方式灵活多样，解决纠纷有效及时。仲裁程序比诉讼程序简便得多，并实行一次仲裁制度。同时，仲裁的方式也比较灵活；双方当事人在仲裁过程中可以自行和解，达成和解协议，还可以撤回仲裁申请等，这些做法大大方便了当事人，有利于纠纷的及时解决。再次是收费较低，仲裁收费比诉讼收费低，这也是仲裁方式普遍受到欢迎和广泛应用的一个重要原因。因此，可以说仲裁集调解和诉讼两种方式的优点于一身，是解决争议的一种有效方式，具有很强的生命力。

37. 违反刑法应承担怎样的刑事责任?

刑事责任，是指依据《刑法》规定，行为已经构成犯罪的行为人所应受到的人身、经济惩罚和制裁。构成犯罪的行为，主要指严重危害国家安全、破坏社会经济秩序、侵犯国家或集体以及公民的财产、侵害公民人身权利和民主权利等不法行为，其涉及的罪名有 400 多个，例如，杀人罪、抢劫罪、盗窃罪、拐卖妇女罪、侮辱罪、虐待罪、重婚罪等。除《刑法》集中规定刑事犯罪行为内容之外，还散见于其他法律。例如，《中华人民共和国农村土地承包法》（以下简称《农村土地承包法》）第六十五条规定，国家机关及其工作人员有利用职权干涉农村土地承包经营，变更、解除承包经营合同，干涉承包方依法享有的生产经营自主权，或者强迫、阻碍承包方进行土地承包经营权流转等侵害土地承包经营权的行为，给承包方造成损失的……构成犯罪的，依法追究刑事责任。根据犯罪行为情节轻重的不同，《刑法》对犯罪人的惩处措施主要分为三种：

（1）限制或剥夺其人身自由及政治权利。

（2）剥夺其生命权。

（3）附加或独立适用经济财产惩罚。

在执行刑事惩罚时，应依法体现保护未成年人的原则：一是 14 周岁以下未成年人犯罪不负刑事责任，14 周岁以上 18 周岁以下未成年人犯罪从轻处罚；二是侵害未成年人的犯罪行为从重论处。近几年来，农村刑事案件类型除了前面列举的之外，还有报复杀人、迷信杀人、报复毁容、侵占财产、刑讯逼供、交通肇事、侮辱妇女、拐卖儿童、藏匿他人贵重遗忘物品、盗窃、赌博、诈骗、抢劫、破坏电力设备等。

38. 什么是村民委员会组织和村民自治？

基层群众性自治组织，村民委员会由主任、副主任和委员3~7人组成。根据《中华人民共和国村民委员会组织法》（以下简称《村民委员会组织法》）第二条，村民委员会是村民自我管理、自我教育、自我服务的基层群众性自治组织，实行民主选举、民主决策、民主管理、民主监督。村民委员会办理本村的公共事务和公益事业，调解民间纠纷，协助维护社会治安，向人民政府反映村民的意见、要求和提出建议。

39. 如何设立村民委员会？

村民委员会根据村民居住状况、人口多少，按照便于群众自治的原则设立。村民委员会的设立、撤销、范围调整，由乡、民族乡镇的人民政府提出，经村民会议讨论同意后，报县级人民政府批准。村民委员会由主任、副主任和委员共 3 ~ 7 人组成，村民委员会决定问题，采取少数服从多数的原则。村民委员会成员中，妇女应当有适当的名额，多民族村民居住的村，应当有人数较少的民族的成员。村民委员会主任、副主任和委员，由本村有选举权的村民直接选举产生。任何组织或者个人不得指定、委派或者撤换村民委员会成员。村民委员会每届任期 3 年，届满应当及时举行换届选举，村民委员会成员可以连选连任。村民委员会及其成员应遵守宪法、法律、法规和国家的政策，廉洁奉公，热心为村民服务。党的十五届三中全会指出，村民委员会需由村民按期进行直接选举，真正把群众拥护的思想好、作风正、有文化、有本领、真心实意为群众办事的人，选进领导班子。

40. 村民委员会的主要任务有哪些？

（1）办理本居住地区的公共事务和公益事业。公共事务是指与本村全体村民生产和生活直接相关的事务，公益事业是指本村的公共福利事业。村民委员会办理公共事务和公益事业要注意以下几点：第一，要着眼于解决村民生产和生活中存在的实际困难；第二，要实事求是，量力而行，从本村的实际情况出发，根据本村村民的生产、生活和经济发展的需要，考虑本村经济和村民的承受能力，决定办理的事项；第三，要坚持民主自愿的原则，坚决制止强迫命令、违背群众意愿的瞎指挥做法。

（2）调解民间纠纷。这是村民委员会的一项重要的经常性工作，主要由村民委员会下设的调解委员会完成。在日常生活中，由于各种利益的冲突，邻里之间、家庭内部、村民之间不可避免地会发生一些民事纠纷和轻微违法的刑事纠纷。村民之间发生的这些纠纷，并不是根本利益的对立和冲突，往往是因为某种局部或者暂时的利益引起的纠纷，但如不及时调解，或者调解不当，就会引起矛盾的激化，发生刑事案件。因此，及时调解和妥善处理民间纠纷是非常重要的。由于民间纠纷是大量的，单靠司法机关处理难以及时解决，有些纠纷也不宜由司法机关去解决。村民委员会是村民自己选举产生的，受到村民的信赖，在村民中享有威信。并且对本村的情况和人际关系比较熟悉，有条件及时调解和解决纠纷，制止矛盾的发展，避免矛盾的激化。

（3）协助维护社会治安。虽然维护社会治安，保证人民的生命财产安全是公安机关的一项重要职责，但仅靠公安机关来维护社会治安是不够的，必须动员和组织广大人民群众参与。因此，法律赋予村民委员会协助公安机关维护社会治安的任务。村民委员会的这一任务主要是通过下设的治安保卫委员会来完成的。村民委员会协助维护社会治安，主要要做好治安防范、法制宣传和教育、社会治安综合治理等方面的工作。

（4）向人民政府反映村民的意见、要求和提出建议。村民委员会是村民同人民政府之间的纽带和桥梁。由村民委员会反映村民的意见、要求和提出建议，可以集中各方面的意见，比较容易引起重视，使问题得到解决，也可以解决有些村民文化素质低，不知道如何反映意见的问题。通过村民委员会及时反映村民的意见、要求和提出建议，可以使人民政府及时发现、研究和解决村民在生产生活中存在的各种问题；使各级政府的工作都建立在充分了解下情的基础上，避免决策失误。同时，可以加强群众对各级国家机关和国家工作人员的监督，密切人民政府同广大群众的联系。村民委员会反映意见、建议和要求主要是向乡、镇人民政府，但又不限于乡、镇人民政府，还可以向县以至县级以上的各级人民政府反映意见和要求。村民会议由本村年满18周岁的村民组成，是村民实行自治的权力机构。村民委员会由村民直接选举产生，是村民实行自治的执行机构和工作机构，二者是自治的权力机构与执行机构的关系。这种关系具体体现在：一是村民委员会执行村民会议的决定。重要问题由村民会议决定，而不是由村民委员会决定。对于涉及全村村民利益的事项，村民委员会必处须提请村民会议讨论决定，村民会议讨论决定后，由村民委员会贯彻执行；二是村民委员会向村民会议负责并报告工作。村民委员会的权力来源于村民会议，是村民实行自治的执行机构和工作机构，是村民通过村民会议实现其意志和利益的组织者。村民委员会及其下属任何机构的权力，都不能超过村民会议。

村民会议的职权主要有以下几个方面：

①决策权。村民会议对涉及全体村民利益的重大问题拥有直接决定权。

②立约权。村民会议具有制定村民自治章程和村规民约等方面的权力。

③监督权。村民会议有权对村民委员会成员的工作及其行为进行监督。

④罢免权。村民会议有权对村民委员会成员依法进行罢免。

41. 村民委员会协助乡镇人民政府办理的行政事务有哪些？

《村民委员会组织法》第五条第二款规定，村民委员会负有协助乡镇人民政府开展工作的义务，也就意味着村民委员会将承担一定的行政事务。村民委员会协助乡镇人民政府处理的行政事务主要有以下几类：

（1）与贯彻国家和地方法律法规有关的行政事务。这里的法律法规既包括全国人民代表大会及其常务委员会制定通过的法律，也包括国务院颁布的行政法规和各省级人大及其常委会通过的地方性法规。政府所从事的绝大部分行政活动，实际上就是国家和地方性法律法规的落实。这类事务涉及村的，村民委员会必须无条件组织实施，否则就会造成违法现象的产生。对违反法律法规规定的现象，要及时进行制止。

（2）与党和国家的方针政策有关的行政性事务。

（3）临时性或突发性的行政事务。政府处理这类事务需要公民的积极配合。例如，应对自然灾害，尽管政府设有职能部门负责自然灾害的救灾救济工作，但要把工作落到实处，离不开村民委员会的配合。

（4）地方政府以各种形式部署的行政性事务。这里的地方政府包括省级政府、地市级政府、县级政府和乡镇政府。地方政府部署的行政性事务反映的是地方政府贯彻全国法律和中央决策的具体行政行为。村民委员会在协助办理行政性事务的过程中，应当从村情实际出发，尽力协助，对办理的事务也应当民主公开，接受村民监督。

42. 什么是村民小组？

村民小组是村民委员会的基本组织单位，是村民委员会联系村民的纽带。村民委员会可以按照居民居住状况分设若干村民小组。村民小组对农村的各项工作以及群众的生产生活等问题，负有直接责任。村民小组中推选一个村民小组长，可由村民委员会成员兼任。村民小组长在村民委员会领导下开展工作，贯彻执行村民委员会的决定，完成村民委员会交给的工作任务，负责召集本小组的村民小组会议，办理本组的各项事务，向村民委员会反映村民的意见、要求和建议。

43. 什么是"两推一选"？

"两推一选"是目前全国各农村党组织实行最广泛的一种换届选举方式，是指产生村党组织候选人的过程，即党员推荐、群众推荐，党内选举。"两推"是指党内推荐支部委员候选人和党外推荐支部委员候选人；"一选"就是由党组织内全体有选举权的党员无记名投票选举支部委员人选。其操作过程分为四个阶段：

（1）党内民主推荐。换届前，村党组织召开党员大会，非党的委员会成员、村民组长和村民代表也可以参加，旨在对原党支部成员进行民主评议的基础上，推荐新一届党支部成员初步候选人（党内、党外分别计票）。

（2）群众推荐。可由全体村民推荐，也可采取村民代表推荐。为确保村民推荐具有广泛的代表性，参加推荐的范围应当包括下列人员：上届选举产生的村民代表、村"两委"（村民委员会、村党支部委员会）成员及其他工作人员、村民小组正副组长、村属企业负责人、本村籍退休干部及其他需要参加的人员。

（3）乡镇党委确定正式候选人。初步确定候选人后，召开村民大会，对初步候选人进行信任投票。乡镇党委对过半数以上群众信任的初步候选人进行考察，再确定正式候选人。乡镇党委根据投票结果，初步确定候选人，初步确定的候选人数应多于最后实际参加选举的候选人数。

（4）党内选举。村党组织召开党员大会，按照《中国共产党章程》《中国共产党农村基层组织工作条例》和《中国共产党基层组织选举工作暂行条例》的要求，差额选举产生新一届党组织的委员会。经乡镇党委审查同意后，在新一届委员会全体会议上等额选举产生村党组织书记、副书记。

44. 如何进行村民委员会的选举？

按照《村民委员会组织法》的规定，再结合各地村民委员会选举工作的实践，村民委员会选举的基本程序是：

（1）分级成立选举工作机构。每次换届选举，从省到乡，层层都成立由党委、人大、政府和有关职能部门负责人组成的选举工作机构。在村一级，成立村民选举委员会，负责主持选举工作。村民选举委员会成员由村民会议或者各村民小组推选产生。

（2）依法进行选民登记。根据《村民委员会组织法》第十三条，年满18周岁的村民，不分民族、种族、性别、职业、家庭出身、宗教信仰、教育程度、财产状况、居住期限，都有选举权和被选举权。已在户籍所在村或者居住村登记参加选举的村民，不得再参加其他地方村民委员会的选举。

（3）提名确定候选人。村民委员会成员候选人可由本村有选举权的村民直接提名产生，可以通过"海选"的方式确定正式候选人。任何组织或者个人都不得指定、委派或者撤换村民委员会成员候选人。正式候选人确定以后，村民选举委员会应当向选民介绍正式候选人，且允许候选人进行竞选。一方面，由村民选举委员会统一组织候选人进行竞选活动，如竞选演讲、公布治村方案、选民现场提问、候选人之间相互提问等；另一方面，在村民选举委员会组织候选人竞选的同时，也应当允许候选人自己举办一些竞选活动，如登门拜访选民，便于候选人与选民之间沟通，使选民作出更好的选择。但是，必须遵守法律法规，给钱给物、请客吃饭、喝酒抽烟等违法行为必须禁止。

（4）组织选民投票。选民投票在选举日召开选举大会或设立投票站方式进行。同时，设立流动票箱，方便选民投票。不能亲自投票的选民可以委托他人参与选举。投票采用无记名方式，投票时要设立秘密写票处。

（5）计票。计票应该公开进行。有选举权的村民的过半数投票，村民委员会的选举才会有效；候选人获得参加投票的村民的过半数的选票，始得当选。选举结果当场宣布，并向当选者颁发当选证书。但以威胁、贿赂、伪造选票等不正当手段当选的，其当选结果无效。

（6）罢免。对于不称职的村民委员会成员，村民可以依法行使民主权利，将其罢免。本村1/5以上有选举权的村民联名，可以要求罢免村民委员会成员，但罢免应当提出罢免理由。被提出罢免的村民委员会成员有权提出申辩意见。村民委员会应当及时召开村民会议，投票表决罢免要求，罢免要求必须经过有选举权的村民过半数通过。如果罢免的对象是全体村民委员会干部或村民委员会主任，村民委员会拒绝召开村民会议表决罢免建议的，可以要求乡镇人民政府召开罢免会议。

45. 什么人员应当列入参加选举的村民名单？

根据《村民委员会组织法》第十三条，村民委员会选举前，应当对下列人员进行登记，列入参加选举的村民名单：

（1）户籍在本村并且在本村居住的村民。

（2）户籍在本村，不在本村居住，本人表示参加选举的村民。

（3）户籍不在本村，在本村居住一年以上，本人申请参加选举，并且经村民会议或者村民代表会议同意参加选举的公民。

同时，《村民委员会组织法》第十四条规定，登记参加选举的村民名单应当在选举日的二十日前由村民选举委员会公布。

46. 村级选举有哪些违法现象，界定的依据是什么？

（1）个别组织和组织者的行为违法。个别组织和组织者的行为违法，指在选举中负责选举工作的个别组织机构或领导者，在具体的组织工作中的违法现象。主要表现在：

①实行村民代表选举，候选人由少数几个组织者秘密确定，不能充分体现民意；

②不按规定的日期公布候选人名单，而是选举日前一天公布正式候选人名单；

③随意提前或推迟选举日期；

④不是直接选举村民委员会主任、副主任和委员，而是先选举村民委员会成员，然后由村民委员会成员选举村民委员会主任、副主任，或由组织上搞分工制；

⑤不是在村民再也提不出候选人的情况下实行等额选举，而是无条件地实行等额选举；

⑥在候选人家里或其他地方计票，或是由少数几个人秘密进行计票；

⑦不按法律规定当场公布选举结果；

⑧不尊重民意，随意宣布选民的选票无效；

⑨在选举前随意变动正式候选人，将已确定为正式候选人的名字换为组织上认为合适的人或个别组织者的亲戚朋友；

⑩不按照法定程序，随意罢免由村民民主选举的村民委员会成员；

⑪在村民委员会换届之后，乡（镇）不经过补选便更换村民委员会干部。

（2）选民违法。选民违法，是指在选举前，用金钱购买选票，或是在选举过程中起哄、撕毁选票等现象。发生这类现象的原因，一般是由于选举的组织工作不得力，或组织工作存在重大缺陷而遭选民反对的。

《中华人民共和国全国人民代表大会和地方各级人民代表大会选举法》第十一章第五十七条规定，为保障选民和代表自由行使选举权和被选举权，对有下列行为之一，破坏选举，违反治安管理规定的，依法给予治安管理处罚；构成犯罪的，依法追究刑事责任。

①以金钱或者其他财物贿赂选民或者代表，妨害选民和代表自由行使选举权和被选举权的；

②以暴力、威胁、欺骗或者其他非法手段妨害选民和代表自由行使选举权和被选举权的；

③伪造选举文件、虚报选举票数或者有其他违法行为的；

④对于控告、检举选举中违法行为的人，或者对于提出要求罢免代表的人进行压制、报复的。国家工作人员有前款所列行为的，还应当依法给予行政处分。以本条第一款所列违法行为当选的，其当选无效。

47. 哪些村务事项应实行民主决策？村级民主决策的形式和程序是什么？

凡是与农民群众切身利益密切相关的事项，如村集体的土地承包和租赁、集体企业改制、集体举债、集体资产处置、村干部报酬、村公益事业的经费筹集方案和建设承包方案等，都要实行民主决策，不能由个人或少数人决定。村民委员会的设立、撤并、范围调整，由乡级人民政府提出意见后，必须经由村民会议讨论同意，并报县级人民政府批准。集体经济已实行股份制或股份合作制改革的村，要按照改革后的有关要求进行民主决策和民主监督。村级民主决策的事项要符合党的方针政策和国家法律法规，不得有侵犯村民人身权利、民主权利和合法财产权利的内容。

村级民主决策的基本组织形式是村民会议和村民代表会议。村民会议每年审议村民委员会的工作报告，并评议村民委员会成员的工作。召开村民会议，应当有本村18周岁以上村民的过半数参加，或者有本村2/3以上的户的代表参加，所作决定应当经到会人员的过半数通过。村民代表会议讨论决定村民会议授权的事项。村民代表会议由村民每5户至10户推选一人，或者由各村民小组推选若干人组成。

村民民主决策应当遵循以下程序：

①村党组织、村民委员会、村集体组织、1/10以上村民联名或1/5以上村民代表联名提出议案；

②村党组织统一受理议案，并召集村党组织和村民委员会联席会议，研究提出具体意见或建议；

③村民委员会召集村民会议或村民代表会议讨论决定；

④村党组织、村民委员会组织实施村民民主决策事项的办理。

对提交村民会议或村民代表会议讨论决定的事项，会前要向村民或村民代表公告，广泛征求意见；会后要及时公布表决结果，及时公布决定事项的实施情况。涉及村民利益的重大事项，必须提请村民会议或村民代表会议讨论决定。

48. 财务公开的内容和相关要求是什么？

（1）财务公开的内容。财务公开的内容包括财务计划、收入支出、农村集体"三资"（资金、资源、资产）、债权债务、收益分配等。具体有 8 个方面：

①财务计划，包括财务收支计划，固定资产购建计划，农业基本建设计划，公益事业建设及"一事一议"筹资筹劳计划，集体资产经营与处置、资源开发利用、对外投资等计划，收益分配计划，经村集体经济组织成员会议或成员代表会议讨论确定的其他财务计划等；

②各项收入，包括产品销售收入、租赁收入、服务收入等集体经营收入，发包及上交收入，投资收入，"一事一议"筹资及以资代劳款项，村级组织运转经费财政补助款项，上级专项补助款，征占土地补偿款，救济扶贫款项，社会捐赠款项，资产处置收入，其他收入等；

③各项支出，包括集体经营支出，村组（社）干部报酬，报刊费支出、办公费、差旅费、会议费、卫生费、治安费等管理费支出，集体公益福利支出，固定资产购建支出，征占土地补偿支出，救济扶贫专项支出，社会捐赠支出，其他支出等；

④各项资产，包括现金及银行存款、产品物资、固定资产、

农业资产、对外投资、其他资产；

⑤各类资源，包括集体所有的耕地、林地、草地、园地、滩涂、水面、"四荒地"（荒山、荒沟、荒丘、荒滩）、集体建设用地等；

⑥债权债务，包括应收单位和个人欠款，银行（信用社）贷款、欠单位和个人款、其他债权债务等；

⑦收益分配，包括收益总额、提取公积公益金数额、提取福利费数额、外来投资分利数额、成员分配数额、其他分配数额；

⑧其他需要公开的事项。

此外，村集体经济组织还应当对下列事项，逐项逐笔实行专项公开，包括集体土地征占补偿及分配情况，集体资产资源发包、租赁、出让、投资及收益（亏损）情况，集体工程招投标及预决算情况，"一事一议"筹资筹劳及使用情况，其他需要进行专项公开的事项等。

（2）财务公开的有关要求如下：

①村集体经济组织应当建立以群众代表为主所组成的民主理财小组，对财务公开活动进行监督。民主理财小组成员由村集体经济组织成员会议或成员代表会议从村务监督机构成员中推选产生，其成员数依村规模和理财工作量大小确定，一般为3～5人。村干部、财会人员及其近亲属不得担任民主理财小组成员。

②村集体经济组织财务至少每季度公开一次；财务往来较多的，收支情况应当每月公开一次，具体公开时间由所在地县级以上农村经营管理部门统一确定。对于多数成员或民主理财

小组要求公开的内容，应当及时单独进行公开。涉及集体经济组织及其成员利益的重大事项应当随时公开；

③村集体经济组织财务公开内容必须真实可靠。财务公开前，应当由民主理财小组对公开内容的真实性、完整性进行审核，提出审查意见。财务公开资料经村集体经济组织负责人、民主理财小组负责人和主管会计签字后公开，并报乡（镇）农村经营管理部门备案。

④村集体经济组织财务公开后，主要负责人应当及时安排专门时间，解答群众提出的质疑和问题，听取群众的意见和建议。对群众反映的问题要及时答复解决，一时难以答复解决的，要作出解释。不得对提出和反映问题的群众进行压制或打击报复。

⑤乡（镇）、村两级要建立村集体经济组织财务公开档案管理制度，及时搜集、整理财务公开档案，并妥善保存。财务公开档案应当包括财务公开内容及审查、审核资料，成员意见、建议及处理情况记录等。

⑥村集体经济组织民主理财小组应当自觉接受村党支部和村务监督机构的工作指导，依法依规履行监督职责，定期向成员会议或成员代表会议汇报民主理财和财务公开监督工作情况，不得徇私舞弊、滥用职权。民主理财小组成员监督不力、怠于履行职责的，成员会议或成员代表会议应当终止其职务。

⑦县级以上农村经营管理部门和乡（镇）党委、政府行使下列指导和监督职责：

第一，指导和监督村集体经济组织依照《农村集体经济组织财务公开规定》实行财务公开。第二，指导和监督村集体经济组织建立健全财务公开制度。第三，对财务公开中存在的问题进行查处。

⑧对违反《农村集体经济组织财务公开规定》的村集体经济组织和会计委托代理服务机构，由县级以上农村经营管理部门和乡（镇）党委或政府责令限期纠正；仍不纠正的，由县级纪检监察机关和乡（镇）党委或政府依照有关规定给予相关责任人相应处分。

⑨县、乡（镇）两级应将执行《农村集体经济组织财务公开规定》纳入党委和政府工作的目标管理，作为考核乡（镇）、村两级干部的重要内容，定期检查和监督。

49. 村务公开的内容和相关要求是什么？

（1）村务公开的内容。《村民委员会组织法》第三十条规定，村民委员会实行村务公开制度。村民委员会应当及时公布下列事项，接受村民的监督：

①按规定应由村民会议、村民代表会议讨论决定的事项及其实施情况；

②国家计划生育政策的落实方案；

③政府拨付和接受社会捐赠的救灾救助、补贴补助等资金、物资的管理使用情况；

④村民委员会协助人民政府开展工作的情况；

⑤涉及本村村民利益，村民普遍关心的其他事项。

上述规定事项中，一般事项至少每季度公布一次；集体财务往来较多的，财务收支情况应当每月公布一次；涉及村民利益的重大事项应当随时公布。

村民委员会应当保证所公布事项的真实性，并接受村民的查询。

（2）村务公开的相关要求。

①村民委员会应当实行少数服从多数的民主决策机制和公开透明的工作原则，建立健全各种工作制度；

②村民委员会不及时公布应当公布的事项或者公布的事项不真实的，村民有权向乡、民族乡、镇的人民政府或者县级人民政府及其有关主管部门反映，有关人民政府或者主管部门应当负责调查核实，责令依法公布。经查证确有违法行为的，有关人员应当依法承担责任；

③村应当建立村务监督委员会或者其他形式的村务监督机构，负责村民民主理财、监督村务公开等制度的落实，其成员由村民会议或者村民代表会议在村民中推选产生，其中应有具备财会、管理知识的人员。村民委员会成员及其近亲属不得担任村务监督机构成员。村务监督机构成员向村民会议和村民代表会议负责，可以列席村民委员会会议；

④村民委员会成员以及由村民或者村集体承担误工补贴的聘用人员，应当接受村民会议或者村民代表会议对其履行职责情况的民主评议。民主评议每年至少进行一次，由村务监督机构主持。村民委员会成员连续两次被评议不称职的，终止其职务；

⑤村民委员会和村务监督机构应当建立村务档案。村务档案包括：选举文件和选票、会议记录、土地发包方案和承包合同、经济合同、集体财务账目、集体资产登记文件、公益设施基本资料、基本建设资料、宅基地使用方案、征地补偿费使用及分配方案等。村务档案应当真实、准确、完整、规范。

50. 什么是民主监督？如何实现村级民主监督？

村民自治中的民主监督是指由村民通过一定的形式监督村内重大事务，监督村民委员会工作及其成员的行为。根据《村民委员会组织法》的规定，村级民主监督主要是通过村务公开、民主评议和村民委员会定期工作报告等措施来实现。其中，村务公开是民主监督的主要内容。全面推行村务公开是《村民委员会组织法》的一项基本要求，也是推行村民自治、落实"四个民主"（民主选举、民主决策、民主管理、民主监督）的重要保障。

根据《村民委员会组织法》第三十条和第三十一条规定，村民委员会应当就法律规定事项进行公布，保证公布内容的真实性，并接受村民的监督；村民委员会不及时公布或公布的事项不真实的，村民有权向乡级人民政府或县级人民政府及其有关部门反映，有关政府机关应当负责调查核实，责令公布；经查证确有违法行为的，有关人员应当依法承担责任。

51. 村民如何参与选举？村民委员会选举期间外出打工的村民如何参与选举？

村民要满足一定条件才能成为选民。

①年龄条件。必须年满 18 周岁，以本村村民委员会的选举日为准；村民出生日期的确定，以身份证为准。

②属地条件。必须是本村村民。

③政治条件。即依照法律未被剥夺政治权利的村民。

④身体条件。精神病患者在发病期间停止行使选举权，但要经医院证明后认可。待精神正常后再恢复行使选举权。村民只有通过登记并编入选民名册，才在事实上取得了选民资格，获得选举权和被选举权，才能参加选举活动。

村民委员会的选举由村民选举委员会主持。村民选举委员会是主持村民委员会选举的唯一合法机构，其他任何机构都无权主持村民委员会的选举。村民选举委员会由村民大会选举产生。村民在推选村民选举委员会成员时，要注意几个要求：

①要尽可能地把熟悉本村情况，在村民中有较高威望，有较强工作能力，并且乐于为村民服务的人推选出来。

②村民选举委员会成员的构成要合理。村民选举委员会成

员中应该既有村级党组织和其他有关组织的代表，也应该有村民小组长的代表和村民代表，还应该有村中有威望的老干部、老党员的代表。在推选村民选举委员会成员时，可以预先讲明成员比例构成，以便供村民推选时参考。

③村民委员会成员正式候选人不能担任村民选举委员会成员。

④村民选举委员会的组成人员名单要及时报乡镇人民政府备案，接受县乡选举工作机构的指导。

52. 怎样罢免村民委员会成员？

《村民委员会组织法》的第十六条规定了罢免村民委员会成员的权利、条件和程序等。这一规定包括以下 6 个方面：

（1）罢免村民委员会成员的权利属于全体村民。村民委员会是由本村村民选举产生，向全体村民负责，因而只有村民才有权罢免村民委员会成员，其他任何组织和个人都无权随意罢免或撤换村民委员会成员。但有权提出罢免要求的村民不是一般意义上生活在本村或户籍在本村的人，而是有选举权和被选举权的村民。

（2）罢免议案必须有 1/5 以上的村民联名提出，这是启动罢免程序的必要条件。

（3）罢免议案或者罢免要求要明确提出罢免的理由。罢免村民委员会成员涉及全体村民的利益，涉及村内议定事项的贯彻执行，所以必须有充分的罢免理由，不得以一己私利或与村民委员会成员的个人矛盾为理由煽动群众。

（4）罢免村民委员会成员，应当及时召开村民会议，由村民投票表决，使罢免议案的通过与否符合绝大多数村民的利益。

（5）允许被提出罢免的村民委员会成员为自己申辩。由于村民委员会的工作没有充分的条件做到完全透明公开，村民委员会成员的工作也不能时刻向村民告知，为了保护村民委员会成员的正当权益，保证其工作不被误解，可以允许其在表决罢免议案前，在公开场合或以合适的方式提出自己的申辩意见。

（6）罢免村民委员会成员须经过有选举权的村民过半数通过。也就是说由本村有选举权的过半数的村民参加的村民会议，才可以对罢免议案进行表决；同时还要求参加会议的村民过半数同意该议案，才能够有权罢免该村民委员会成员。

53. 什么是农村基层党组织？

《中国共产党农村基层组织工作条例》规定，乡镇党的委员会（简称"乡镇党委"）和村党组织（村指行政村）是党在农村的基层组织，是党在农村全部工作和战斗力的基础，全面领导乡镇、村的各类组织和各项工作。必须坚持党的农村基层组织领导地位不动摇。

54. 农村基层党组织有什么样的职能?

（1）乡镇党委。《中国共产党农村基层组织工作条例》第九条规定，乡镇党委的主要职责是：

①宣传和贯彻执行党的路线方针政策和党中央、上级党组织及本乡镇党员代表大会（党员大会）的决议。

②讨论和决定本乡镇经济建设、政治建设、文化建设、社会建设、生态文明建设和党的建设以及乡村振兴中的重大问题。需由乡镇政权机关或者集体经济组织决定的重要事项，经乡镇党委研究讨论后，由乡镇政权机关或者集体经济组织依照法律和有关规定作出决定。

③领导乡镇政权机关、群团组织和其他各类组织，加强指导和规范，支持和保证这些机关和组织依照国家法律法规以及各自章程履行职责。

④加强乡镇党委自身建设和村党组织建设，以及其他隶属乡镇党委的党组织建设，抓好发展党员工作，加强党员队伍建设。维护和执行党的纪律，监督党员干部和其他任何工作人员严格遵守国家法律法规。

⑤按照干部管理权限，负责对干部的教育、培训、选拔、

考核和监督工作。协助管理上级有关部门驻乡镇单位的干部。做好人才服务和引进工作。

⑥领导本乡镇的基层治理，加强社会主义民主法治建设和精神文明建设，加强社会治安综合治理，做好生态环保、美丽乡村建设、民生保障、脱贫致富、民族宗教等工作。

（2）村党组织。《中国共产党农村基层组织工作条例》第十条规定，村党组织的主要职责是：

①宣传和贯彻执行党的路线方针政策和党中央、上级党组织及本村党员大会（党员代表大会）的决议。

②讨论和决定本村经济建设、政治建设、文化建设、社会建设、生态文明建设和党的建设以及乡村振兴中的重要问题并及时向乡镇党委报告。需由村民委员会提请村民会议、村民代表会议决定的事情或者集体经济组织决定的重要事项，经村党组织研究讨论后，由村民会议、村民代表会议或者集体经济组织依照法律和有关规定作出决定。

③领导和推进村级民主选举、民主决策、民主管理、民主监督，推进农村基层协商，支持和保障村民依法开展自治活动。领导村民委员会以及村务监督委员会、村集体经济组织、群团组织和其他经济组织、社会组织，加强指导和规范，支持和保证这些组织依照国家法律法规以及各自章程履行职责。

④加强村党组织自身建设，严格组织生活，对党员进行教育、管理、监督和服务。负责对要求入党的积极分子进行教育和培养，做好发展党员工作。维护和执行党的纪律。加强对村（组）干部和经济组织、社会组织负责人的教育、管理和监督，培养村级后备力量。做好本村招才引智等工作。

　　⑤组织群众、宣传群众、凝聚群众、服务群众，经常了解群众的批评和意见，维护群众正当权利，加强对群众的教育引导，做好群众思想政治工作。

　　⑥领导本村的社会治理，做好本村的社会主义精神文明建设、法治宣传教育、社会治安综合治理、生态环保、美丽村庄建设、民生保障、脱贫致富、民族宗教等工作。

第三章
繁荣兴盛农村文化

农民懂法律树新风百问百答

55. 农村公共文化服务体系包含哪些内容？

中共中央、国务院印发的《乡村振兴战略规划（2018—2022年)》指出，健全乡村公共文化服务体系主要指：推动县级图书馆、文化馆总分馆制，发挥县级公共文化机构辐射作用，加强基层综合性文化服务中心建设，实现乡村两级公共文化服务全覆盖，提升服务效能；完善农村新闻出版广播电视公共服务覆盖体系，推进数字广播电视户户通，探索农村电影放映的新方法新模式，推进农家书屋延伸服务和提质增效；继续实施公共数字文化工程，积极发挥新媒体作用，使农民群众能便捷获取优质数字文化资源；完善乡村公共体育服务体系，推动村健身设施全覆盖。

56. 什么是基本公共文化服务标准化？

基本公共服务是由政府主导、保障全体公民生存和发展基本需要、与经济社会发展水平相适应的公共服务。《关于建立健全基本公共服务标准体系的指导意见》（本条下文简称《指导意见》）指出，建立健全基本公共服务标准体系，明确中央与地方提供基本公共服务的质量水平和支出责任，以标准化促进基本公共服务均等化、普惠化、便捷化，是新时代提高保障和改善民生水平、推进国家治理体系和治理能力现代化的必然要求，对于不断满足人民日益增长的美好生活需要、不断促进社会公平正义、不断增进全体人民在共建共享发展中的获得感，具有重要意义。

《指导意见》强调，要建立健全基本公共服务标准体系，规范中央与地方支出责任分担方式，推进城乡区域基本公共服务制度统一，促进各地区各部门基本公共服务质量水平有效衔接，以标准化手段优化资源配置、规范服务流程、提升服务质量、明确权责关系、创新治理方式，确保基本公共服务覆盖全民、兜住底线、均等享有，使人民获得感、幸福感、安全感更加充实、更有保障、更可持续。力争到 2025 年，基本公共服务标准化理念融入政府治理，标准化手段得到普及应用，系统完善、层次分明、衔接配套、科学适用的基本公共服务标准体系全面建立；到 2035 年，基本公共服务均等化基本实现，现代化水平不断提升。

《指导意见》提出了四个方面的重点任务：一是完善各级各类基本公共服务标准，构建涵盖国家、行业、地方和基层服务机构四个层面的基本公共服务标准体系；二是明确国家基本公共服务质量要求，提出幼有所育、学有所教、劳有所得、病有所医、老有所养、住有所居、弱有所扶以及优军服务保障、文体服务保障等九个方面的具体保障范围和质量要求；三是合理划分基本公共服务支出责任，明确政府在基本公共服务中的兜底职能，明确中央与地方支出责任划分，制定中央与地方共同财政事权基本公共服务保障国家基础标准；四是创新基本公共服务标准实施机制，要求促进标准信息公开共享，开展标准实施监测预警，推动标准水平动态有序调整，加强实施结果反馈利用，推进政府购买公共服务，鼓励开展创新试点示范。

《指导意见》按照系统性、层次性和协调性的要求，从国家、行业、地方、基层服务机构四个层面，构建了基本公共服务标准体系的总体框架。其中，国家层面要制定国家基本公共服务标准，向社会公布服务项目、支付类别、服务对象、质量标准、支出责任、牵头负责单位等。各行业主管部门结合各行业领域发展特点，制定各行业领域基本公共服务标准体系实施方案，系统梳理并修订完善现有标准规范，加快制定一批急需短缺的标准，完善设施建设、设备配置、人员配备、服务管理等软硬件标准要素，提出促进标准落地实施的保障措施。地方政府依据国家基本公共服务标准以及各行业领域标准规范，结合本地区经济发展、空间布局、人口结构和变动趋势、文化习俗等因素，经与国家基本公共服务相关规划和标准衔接并进行财政承受能力评估后，制定本地区基本公共服务具体实施标准。直接面向服务对象提供基本公共服务的人民团体、企事业单位、社会组织在严格执行各级各类标准规范的基础上，按照方便实用、清晰明了、简单易行的要求，结合实际建立服务指南、行为规范、质量承诺、服务记录追溯、服务绩效评价等制度。

57. 公共文化考核评价体系的指标有哪些?

按照《国家基本公共文化服务指导标准（2015—2020 年）》的要求，公共文化考核评价体系的指标主要包括以下内容：

（1）读书看报。公共图书馆（室）、文化馆（站）和村（社区）（村指行政村，下同）综合文化服务中心（含农家书屋）等配备图书、报刊和电子书刊，并免费提供借阅服务。

在城镇主要街道、公共场所、居民小区等人流密集地点设置阅报栏或电子阅报屏，提供时政、"三农"、科普、文化、生活等方面的信息服务。

（2）观看电视、收听广播。通过直播卫星为偏远地区提供电视广播节目。

（3）观赏电影。为农村群众提供电影放映服务，其中每村每月1场电影。为中小学生每学期提供2部爱国主义教育影片。

（4）送地方戏。根据群众实际需求，采取政府采购等方式，为农村乡镇每年送戏曲等文艺演出。

（5）设施开放。公共图书馆（室）、文化馆（站）、乡村文化记忆展馆等公共文化设施免费开放，基本服务项目健全。

为未成年人、老年人、现役军人、残疾人和低收入人群提供便利条件。

（6）文体活动。城乡居民依托村（社区）综合文化服务中心、文体广场、公园、健身路径等公共设施就近方便参加各类文体活动。

各级文化馆（站）等开展文化艺术知识普及和培训，培养群众健康向上的文艺爱好。

（7）文化设施。辖区内设立公共图书馆（室）、文化馆（站），乡镇（街道）设置综合文化站，按照国家颁布的建设标准等进行规划建设。

有条件的情况下依据国家有关标准规划建设公共博物馆、公共美术馆。

结合基层公共服务综合设施建设，整合闲置中小学校等资源，在村（社区）统筹建设综合文化服务中心，因地制宜配置文体器材。

县级以上设立公共体育场，乡镇（街道）和村（社区）配置群众体育活动器材设备，或纳入基层综合文化设施整合设置。

（8）流动设施。根据基层实际，配备用于图书借阅、文艺演出、电影放映等服务的流动文化车，开展流动文化服务。

（9）辅助设施。根据实际需要，各级公共文化设施为残疾人配备无障碍设施，有条件的配备安全检查设备。

（10）人员配备。县级文化机构按照职能和当地人力资源的社会保障部门等核准的编制数配齐工作人员。

乡镇综合文化站每站配备有编制人员 1~2 人，规模较大的乡镇适当增加；村（社区）公共服务中心设有由政府购买的公益文化岗位。

（11）业务培训。县级公共文化机构从业人员每年参加脱产培训时间不少于 15 天，乡镇（街道）和村（社区）文化专兼职人员每年参加集中培训时间不少于 5 天。

58. 什么是腐朽文化和落后文化？

封建主义和资本主义的腐朽思想、殖民文化、邪教、淫秽色情文化等，都属于腐朽文化。腐朽文化的表现形式主要有三种：一是政治思想上的腐朽文化，如封建主义和资本主义腐朽思想、殖民文化等；二是具有严重社会危害性、具有明显的反人类、反社会、反科学特征的邪教文化；三是日常生活中的、对个人身心健康具有严重危害性的文化，如"黄赌毒"。腐朽文化会腐蚀人们的精神世界、侵蚀民族精神、阻碍先进生产力发展、危害社会主义事业。面对腐朽文化，我们应当坚决抵制，依法取缔。

落后文化，是指带有迷信、愚昧、颓废、庸俗等色彩的文化。落后文化常常以传统习俗的形式表现出来，如看相、算命和看风水等。落后文化是文化糟粕，需要不断通过科学文化教育，予以改造和剔除。因此，与之相应，先进价值观就是面向现代化、面向世界、面向未来的，民族的、科学的、大众的社会主义价值观。

腐朽文化和落后文化都是文化糟粕，腐蚀人们的精神世界、侵蚀民族精神，阻碍先进生产力发展、危害社会主义事业。应该大力发展先进文化，支持健康有益文化，努力改造落后文化，坚决抵制腐朽文化。

59. 如何传承发展农村优秀传统文化？

《关于实施中华优秀传统文化传承发展工程的意见》对传承发展农村优秀传统文化作出如下要求：

（1）深入阐发文化精髓。加强中华文化研究阐释工作，深入研究阐释中华文化的历史渊源、发展脉络、基本走向，深刻阐明中华优秀传统文化是发展当代中国马克思主义的丰厚滋养，深刻阐明传承发展中华优秀传统文化是建设中国特色社会主义事业的实践之需，深刻阐明丰富多彩的多民族文化是中华文化的基本构成，深刻阐明中华文明是在与其他文明不断交流互鉴中丰富发展的，着力构建有中国底蕴、中国特色的思想体系、学术体系和话语体系。加强党史国史及相关档案编修，做好地方史志编纂工作，巩固中华文明探源成果，正确反映中华民族文明史，推出一批研究成果。实施中华文化资源普查工程，构建准确权威、开放共享的中华文化资源公共数据平台。建立国家文物登录制度。建设国家文献战略储备库、革命文物资源目录和大数据库。实施国家古籍保护工程，完善国家珍贵古籍名录和全国古籍重点保护单位评定制度，加强中华文化典籍整理编纂出版工作。完善非物质文化遗产、馆藏革命文物普查建档制度。

（2）贯穿国民教育始终。围绕立德树人根本任务，遵循学生认知规律和教育教学规律，按照一体化、分学段、有序推进的原则，把中华优秀传统文化全方位融入思想道德教育、文化知识教育、艺术体育教育、社会实践教育各环节，贯穿于启蒙教育、基础教育、职业教育、高等教育、继续教育各领域。以幼儿、小学、中学教材为重点，构建中华文化课程和教材体系。编写中华文化幼儿读物，开展"少年传承中华传统美德"系列教育活动，创作系列绘本、童谣、儿歌、动画等。修订中小学道德与法治、语文、历史等课程教材。推动高校开设中华优秀传统文化必修课，在哲学社会科学及相关学科专业和课程中增加中华优秀传统文化的内容。加强中华优秀传统文化相关学科建设，重视保护和发展具有重要文化价值和传承意义的"绝学"、冷门学科。推进职业院校民族文化传承与创新示范专业点建设。丰富拓展校园文化，推进戏曲、书法、高雅艺术、传统体育等进校园，实施中华经典诵读工程，开设中华文化公开课，抓好传统文化教育成果展示活动。研究制定国民语言教育大纲，开展好国民语言教育。加强面向全体教师的中华文化教育培训，全面提升师资队伍水平。

（3）保护传承文化遗产。坚持保护为主、抢救第一、合理利用、加强管理的方针，做好文物保护工作，抢救保护濒危文物，实施馆藏文物修复计划，加强新型城镇化和新农村建设中的文物保护。加强历史文化名城名镇名村、历史文化街区、名人故居保护和城市特色风貌管理，实施中国传统村落保护工程，做好传统民居、历史建筑、革命文化纪念地、农业遗产、工业遗产保护工作。规划建设一批国家文化公园，成为中华文化重要标识。推进地名文化遗产保护。实施非物质文化遗产传承发展工程，进一步完善非物质文化遗产保护制度。实施传统工艺振兴计划。大力推广和规范使用国家通用语言文字，保护传承方言文化。开展少数民族特色文化保护工作，加强少数民族语言文字和经典文献的保护和传播，做好少数民族经典文献和汉族经典文献互译出版工作。实施中华民族音乐传承出版工程、中国民间文学大系出版工程。推动民族传统体育项目的整理研究和保护传承。

（4）滋养文艺创作。善于从中华文化资源宝库中提炼题材、获取灵感、汲取养分，把中华优秀传统文化的有益思想、艺术价值与时代特点和要求相结合，运用丰富多样的艺术形式进行当代表达，推出一大批底蕴深厚、涵育人心的优秀文艺作品。科学编制重大革命和历史题材、现实题材、爱国主义题材、青少年题材等专项创作规划，提高创作生产组织化程度，彰显中华文化的精神内涵和审美风范。加强对中华诗词、音乐舞蹈、书法绘画、曲艺杂技和历史文化纪录片、动画片、出版物等的扶持。实施戏曲振兴工程，做好戏曲"像音像"[①] 工作，挖掘整理优秀传统剧目，推进数字化保存和传播。实施网络文艺创作传播计划，推动网络文学、网络音乐、网络剧、微电影等传承发展中华优秀传统文化。实施中国经典民间故事动漫创作工程、中华文化电视传播工程，组织创作生产一批传承中华文

---

① 指选取戏曲名家及其代表性剧目，采取先在舞台取像、再在录音室录音、然后演员给自己配音配像的方式，运用现代科技手段，反复加工提高，留下最完美的艺术记录。

基因、具有大众亲和力的动画片、纪录片和节目栏目。大力加强文艺评论，改革完善文艺评奖，建立有中国特色的文艺研究评论体系，倡导中华美学精神，推动美学、美德、美文相结合。

（5）融入生产生活。注重实践与养成、需求与供给、形式与内容相结合，把中华优秀传统文化内涵更好更多地融入生产生活各方面。深入挖掘城市历史文化价值，提炼精选一批凸显文化特色的经典性元素和标志性符号，纳入城镇化建设、城市规划设计，合理应用于城市雕塑、广场园林等公共空间，避免千篇一律、千城一面。挖掘整理传统建筑文化，鼓励建筑设计继承创新，推进城市修补、生态修复工作，延续城市文脉。加强"美丽乡村"文化建设，发掘和保护一批处处有历史、步步有文化的小镇和村庄。用中华优秀传统文化的精髓涵养企业精神，培育现代企业文化。实施中华老字号保护发展工程，支持一批文化特色浓、品牌信誉高、有市场竞争力的中华老字号做精做强。深入开展"我们的节日"主题活动，实施中国传统节日振兴工程，丰富春节、元宵、清明、端午、七夕、中秋、重阳等传统节日文化内涵，形成新的节日习俗。加强对传统历法、节气、生肖和饮食、医药等的研究阐释、活态利用，使其有益的文化价值深度嵌入百姓生活。实施中华节庆礼仪服装服饰计划，设计制作展现中华民族独特文化魅力的系列服装服饰。大力发展文化旅游，充分利用历史文化资源优势，规划设计推出一批专题研学旅游线路，引导游客在文化旅游中感知中华文化。推动休闲生活与传统文化融合发展，培育符合现代人需求的传统休闲文化。发展传统体育，抢救濒危传统体育项目，把传统体育项目纳入全民健身工程。

（6）加大宣传教育力度。综合运用报纸、书刊、电台、电视台、互联网站等各类载体，融通多媒体资源，统筹宣传、文化、文物等各方力量，创新表达方式，大力彰显中华文化魅力。实施中华文化新媒体传播工程。充分发挥图书馆、文化馆、博物馆、群艺馆、美术馆等公共文化机构在传承发展中华优秀传统文化中的作用。编纂出版系列文化经典。加强革命文物工作，实施革命文物保护利用工程，做好革命遗址、遗迹、烈士纪念设施的保护和利用。推动红色旅游持续健康发展。深入开展"爱我中华"主题教育活动，充分利用重大历史事件和中华历史名人纪念活动、国家公祭仪式、烈士纪念日，充分利用各类爱国主义教育基地、历史遗迹等，展示爱国主义深刻内涵，培育爱国主义精神。加强国民礼仪教育。加大对国家重要礼仪的普及教育与宣传力度，在国家重大节庆活动中体现仪式感、庄重感、荣誉感，彰显中华传统礼仪文化的时代价值，树立文明古国、礼仪之邦的良好形象。研究提出承接传统习俗、符合现代文明要求的社会礼仪、服装服饰、文明用语规范，建立健全各类公共场所和网络公共空间的礼仪、礼节、礼貌规范，推动形成良好的言行举止和礼让宽容的社会风尚。把优秀传统文化思想理念体现在社会规范中，与制定市民公约、乡规民约、学生守则、行业规章、团体章程相结合。弘扬孝敬文化、慈善文化、诚信文化等，开展节俭养德全民行动和学雷锋志愿服务。广泛开展文明家庭创建活动，挖掘和整理家训、家书文化，用优良的家风家教培育青少年。挖掘和保护乡土文化资源，建设新乡贤文化，培育和扶持乡村文化骨干，提升乡土文化内涵，形成良性乡村文化生态，让子孙后代记得住乡愁。加强港澳台中华文化普及和交流，积极举办以中华文化为主题的青少年夏令营、冬令营以及诵读和书写中华经典等交流活动，鼓励港澳台艺术家参与国家在海外举办的感知中国、中国文化年（节）、欢乐春节等品牌活动，增强国家认同、民族认同、文化认同。

（7）推动中外文化交流互鉴。加强对外文化交流合作，创新人文交流方式，丰富文化交流内容，不断提高文化交流水平。充分运用海外中国文化中心、孔子学院，文化节展、文物展览、博览会、书展、电影节、体育活动、旅游推介和各类品牌活动，助推中华优秀传统文化的国际传播。支持中华医药、中华烹饪、中华武术、中华典籍、中国文物、中国园林、中国节日等中华传统文化代表性项目"走出去"。积极宣传推介戏曲、民乐、书法、国画等中国优秀传统文化艺术，让国外民众在审美过程中获得愉悦、感受魅力。加强"一带一路"沿线国家文化交流合作。鼓励发展对外文化贸易，让更多体现中华文化特色、具有较强竞争力的文化产品走向国际市场。探索中华文化国际传播与交流新模式，综合运用大众传播、群体传播、人际传播等方式，构建全方位、多层次、宽领域的中华文化传播格局。推进国际汉学交流和中外智库合作，加强中国出版物国际推广与传播，扶持汉学家和海外出版机构翻译出版中国图书，通过华侨华人、文化体育名人、各方面出境人员，依托中国驻外机构、中资企业、与中国友好合作机构和世界各地的中餐馆等，讲好中国故事、传播好中国声音、阐释好中国特色、展示好中国形象。

60. 如何加强对农村优秀传统文化的保护？

《关于实施中华优秀传统文化传承发展工程的意见》对如何加强农村优秀传统文化的保护作出如下要求：

（1）加强组织领导。各级党委和政府要从坚定文化自信、坚持和发展中国特色社会主义、实现中华民族伟大复兴的高度，切实把中华优秀传统文化传承发展工作摆上重要日程，加强宏观指导，提高组织化程度，纳入经济社会发展总体规划，纳入考核评价体系，纳入各级党校、行政学院教学的重要内容。各级党委宣传部门要发挥综合协调作用，整合各类资源，调动各方力量，推动形成党委统一领导、党政群协同推进、有关部门各负其责、全社会共同参与的中华优秀传统文化传承发展工作新格局。各有关部门和群团组织要按照责任分工，制订实施方案，完善工作机制，把各项任务落到实处。

（2）加强政策保障。加强中华优秀传统文化传承发展相关扶持政策的制定与实施，注重政策措施的系统性协同性操作性。加大中央和地方各级财政支持力度，同时统筹整合现有相关资金，支持中华优秀传统文化传承发展重点项目。制定和完善惠及中华优秀传统文化传承发展工程项目的金融支持政策。加大对国家重要文化和自然遗产、国家级非物质文化遗产等珍贵遗产资源保护利用设施建设的支持力度。建立中华优秀传统文化传承发展相关领域和部门合作共建机制。制定文物保护和非物质文化遗产保护专项规划。制定和完善历史文化名城名镇名村和历史文化街区保护的相关政策。完善相关奖励、补贴政策，落实税收优惠政策，引导和鼓励企业、社会组织及个人捐赠或共建相关文化项目。建立健全中华优秀传统文化传承发展重大项目首席专家制度，培养造就一批人民喜爱、有国际影响的中华文化代表人物。完善中华优秀传统文化传承发展的激励表彰制度，对为中华优秀传统文化传承发展和传播交流作出贡献、建立功勋、较高知名度的杰出海内外人士按规定授予功勋荣誉或进行表彰奖励。有关部门要研究出台入学、住房保障等方面的倾斜政策和措施，用以倡导和鼓励自强不息、敬业乐群、扶正扬善、扶危济困、见义勇为、孝老爱亲等传统美德。

（3）加强文化法治环境建设。修订文物保护法。制定文化产业促进法、公共图书馆法等相关法律，对中华优秀传统文化传承发展有关工作作出制度性安排。在教育、科技、卫生、体育、城乡建设、互联网、交通、旅游、语言文字等领域相关法律法规的修订中，增加中华优秀传统文化传承发展内容。加大涉及保护传承弘扬中华优秀传统文化法律法规施行力度，加强对法律法规实施情况的监督检查。充分发挥各行政主管部门在传承发展中华优秀传统文化中的重要作用，建立完善联动机制，严厉打击违法经营行为。加强法治宣传教育，增强全社会依法传承发展中华优秀传统文化的自觉意识，形成礼敬守护和传承发展中华优秀传统文化的良好法治环境。各地要根据本地传统文化传承保护的现状，制定完善地方性法规和政府规章。

（4）充分调动全社会积极性创造性。传承发展中华优秀传统文化是全体中华儿女的共同责任。坚持全党动手、全社会参与，把中华优秀传统文化传承发展的各项任务落实到农村、企业、社区、机关、学校等城乡基层。各类文化单位机构、各级文化阵地平台，都要担负起守护、传播和弘扬中华优秀传统文化的职责。各类企业和社会组织要积极参与文化资源的开发、保护与利用，生产丰富多样、社会价值和市场价值相统一、人民喜闻乐见的优质文化产品，扩大中高端文化产品和服务的供给。充分尊重工人、农民、知识分子的主体地位，发挥领导干部的带头作用，发挥公众人物的示范作用，发挥青少年的生力军作用，发挥先进模范的表率作用，发挥非公有制经济组织和社会组织从业人员的积极作用，发挥文化志愿者、文化辅导员、文艺骨干、文化经营者的重要作用，形成人人传承发展中华优秀传统文化的生动局面。

61. 发展乡村文化有什么意义？

（1）是历史使命与时代召唤。乡村文化振兴既是党中央立足社会主要矛盾变化、着力解决好发展不平衡不充分问题所作出的重大战略决策，也是我们党对近代以来工业化、城市化和乡村发展所进行的历史总结和高度自觉。乡村文化振兴既顺应亿万农民对幸福美好生活的向往，又是中国共产党人的初心所系、使命所在。我们党历来重视农民问题，重视农民教育，重视乡村文化建设，在革命、建设和改革实践中，坚持把马克思主义关于农民问题的基本原理同中国农民问题具体实际相结合，形成了中国化的马克思主义农民观、文化观。党的十八大以来，以习近平同志为核心的党中央团结带领全国各族人民，迎难而上、开拓进取，取得包括乡村文化繁荣发展在内的一系列重大历史性成就。党的十九大以"不忘初心、牢记使命"为主题，以社会主要矛盾的新变化为依据，提出了乡村振兴战略。乡村文化振兴作为这一战略的铸魂工程，成为新时代的一个重大课题。可以说，中国共产党从成立之日起，就是乡村文化的坚定守护者、积极引领者、忠实传承者和创新发展者，乡村文化振兴始终是共产党人的历史使命，是新时代中国特色社会主义文化振兴的重要组成部分。

（2）是促进农村可持续发展的现实需要。"三农"问题一直困扰和阻碍着农村经济社会的发展。解决"三农"问题的重要手段就是要大力发展生产，增加农民收入。社会主义新农村建设是党和政府有效解决"三农"问题的新举措，其核心是以农民为主体，从农民需要出发，大力加强农村物质文明建设，努力加强农村精神文明建设，推动农村社会现代化建设和全面建成小康社会。农村社会现代化建设既是经济增长和社会财富增长的过程，同时又是农村精神文明建设的过程，是农村经济与社会的协调发展和全面进步的过程。农村社会现代化实际上就是农民现代化的过程，因为农民是农村现代化建设的主体。因此，要大力加强乡村文化建设，提高农民综合素质，培养新型农民，建设文明乡风，优化农村社会人文环境，才能为农村现代化建设提供内在动力，从而促进农村物质文化与精神文化的协调发展、共同进步，促进农村以及整个社会的稳定与发展，最终促进农村可持续发展。

（3）是顺应时代发展的要求。全球化日益成为世界历史发展的潮流。在全球化的过程中，作为发展中国家，我们既要坚持中华文化的民族性，继承和发扬优秀的中华传统文化，同时又要正确处理好文化的时代性和世界性的关系，吸收世界先进文化，不断创新和发展民族文化。中国是一个具有悠久农耕历史的国家，乡村文化是中华民族文化的重要组成部分，在全球化的背景下，为了继承优秀的传统文化以及实现中华民族文化的创新和发展，我们必须顺应时代发展的要求，加强乡村文化建设，促进中华民族文化的发展和繁荣。

62. 农业文化遗产是什么？

农业文化遗产的概念源自联合国粮农组织 2002 年启动的"全球重要农业文化遗产（Globally Important Agricultural Heritage Systems）"项目。按照粮农组织的定义，全球重要农业文化遗产是"农村与其所处环境长期协同进化和动态适应下所形成的独特的土地利用系统和农业景观，这种系统与景观具有丰富的生物多样性，而且可以满足当地社会经济与文化发展的需要，有利于促进区域可持续发展"。

农业文化遗产有大农业文化遗产概念和小农业文化遗产概念之分。前者指人类在历史上创造并传承、保存至今的农业生产经验和农业生活经验，而后者仅指农业生产经验。依以往经验，在保护农业文化遗产的过程中，秉承大农业文化遗产概念比秉承小农业文化遗产概念要有利得多。因为这不但更有利于我们认识农业文化遗产内部间的文化联系，同时，也更容易通过综合保护，使农业社会传统农业文化素质得到整体提升。

（1）对传统农业耕作技术与经验实施有效保护。在传统农业文化遗产保护工作中，对育种、耕种、灌溉、排涝、病虫害防治、收割储藏等农业生产经验的保护是我们保护工作的重中之重。作为传统农业生产经验实质，它所强调的是天人合一和可持续发展。它在尊重自然的基础上，巧用自然，从而实现了对自然界的零排放。我们需要做的第一件工作就是深入调查，摸清家底，利用口述史、多媒体技术等方式，将流传了数千年之久的农业生产技术全面地记录下来、传承下去。这些传统智慧与经验主要保存在 70 岁以上的老庄稼人手中，这一社会群体应该成为我们调查和保护的重点。

（2）对传统农业生产工具实施全面保护。传统农业生产工具代表着一个时代或是一个地域的农业科技化发展水平。传统农耕技术所使用的基本动力来自于自然，几乎可以做到无本经营。它在满足农村加工业、灌溉业所需能量的同时，也有效地避免了工业文明所带来的各种污染和巨大的能源消耗。我们没有理由随意消灭它，也不应该简单地以一种文明取代另一种文明。我们的任务：一是保护；二是研究；三是发展。在有条件的地区，可以通过兴办农具博物馆的方式，将这些农具保护起来。这种专题博物馆投资少，见效快，搜集容易，是保护农业文化遗产的一种比较有效的手段。

（3）对传统农业生产制度实施有效保护。农业生产制度是人类为维护农耕生产秩序而制定出来的一系列规则（包括以乡规民约为代表的民间习惯法）、道德伦理规范以及相应的民间禁忌等。它的建立为人类维护农业生产秩序发挥了重要作用。历史已经证明，只有农业生产技术，而没有一套完备的农业生产制度，农业生产是不可能获得可持续发展的。

（4）对传统农耕信仰等实施综合保护。农业信仰是农业民族的心理支柱。这些神灵在维系传统农耕社会秩序、道德秩序方面，都曾发挥过十分重要的作用。没有信仰做依托，传统农耕文明就不可能实现稳定发展。

（5）对当地特有农作物品种实施有效保护。在经济全球化的今天，随着优良品种的普及，农作物品种呈现出明显的单一化倾向。从好的方面来说，这种优良品种的普及，为我们提高农作物单位面积产量奠定了基础。但从另一方面看，农作物品种的单一化，不但为农作物病虫害的快速传播创造了条件，同时也影响了当代人对农产品口味的多重选择，更为重要的是农作物品种单一化还会影响到全球物种的多样性，从而给人类带来更大灾难。为避免类似情况发生，在建立国家物种基因库保护农作物品种的同时，还应明确地建议农民有意识地保留某些农作物品种，为日后农作物品种的更新，留下更多的种源。

63. 什么是非物质文化遗产?

根据联合国教科文组织的《保护非物质文化遗产公约》定义,非物质文化遗产,指被各社区、群体,有时为个人,视为其文化遗产组成部分的各种社会实践、观念表述、表现形式、知识、技能以及相关的工具、实物、手工艺品和文化场所。根据《中华人民共和国非物质文化遗产法》规定,非物质文化遗产是指各族人民世代相传并视为其文化遗产组成部分的各种传统文化表现形式,以及与传统文化表现形式相关的实物和场所。它包括:

(1)传统口头文学以及作为其载体的语言。

(2)传统美术、书法、音乐、舞蹈、戏剧、曲艺和杂技。

(3)传统技艺、医药和历法。

(4)传统礼仪、节庆等民俗。

(5)传统体育和游艺。

(6)其他非物质文化遗产。

属于非物质文化遗产组成部分的实物和场所,凡属文物的,适用《中华人民共和国文物保护法》的有关规定。

64. 什么是新乡贤文化?

新乡贤,是指在新的时代背景下,有资产、有知识、有道德、有情怀,能影响农村政治经济社会发展并愿意为之作出贡献的贤能人士。新乡贤的主体包括宗族长老、老党员、党外知名人士、老乡村教师、老基层干部,还包括外来支持地方经济建设与乡村发展的人士,如外来投资的企业家、海外华侨、扶贫干部等,以及经过选拔或者推荐,热心参与乡村治理的乡村群众。

新乡贤文化借助传统的乡贤文化形式,赋予其新的时代内涵,以乡情为纽带,以优秀的基层干部、企业家、科技和教育工作者,以及道德模范、身边好人的嘉言懿行为示范引领,推进乡村发展的一种新型文化形态。新乡贤文化,是以地方组织与政府架构为主导,广泛吸引包括在外功成名就的乡亲在内的新生力量参与乡村建设的一种新型乡村文化。

65. 什么是孝道文化?

中国传统孝道文化是一个复合概念,内容丰富,涉及面广。既有文化理念,又有制度礼仪。其内容主要包括以下六个方面,即敬亲、奉养、侍疾、立身、谏诤、善终。

（1）敬亲。中国古人有云"百善孝为先"，传统孝道的精髓在于提倡对父母首先要"敬"和"爱"，没有"敬"和"爱"，就谈不上孝。孔子曰："今之孝者，是谓能养。至于犬马，皆能有养，不敬，何以别乎？"这也就是说，对待父母不仅仅是物质供养，关键在于要有对父母的"爱"，而且这种"爱"是发自内心的真挚的爱。没有这种"爱"，不仅谈不上对父母孝敬，而且和饲养犬马没有什么两样。同时，孔子认为，子女履行孝道最困难的就是时刻保持这种"爱"，即心情愉悦地对待父母。

（2）奉养。中国传统孝道的物质基础就是要从物质上供养父母，即赡养父母，"生则养"，这是孝敬父母的最低标准。佛陀在《法句经》中说："奉养母亲是乐，奉养父亲也是乐。"在《吉祥经》中，佛陀提出诸吉祥之一是奉养父母。古代的佛教经典，把奉养父母解释为提供衣食住药四种生活必需品给父母，以及帮他们洗脚、按摩、擦油和洗澡。

（3）侍疾。老年人年老体弱，容易得病，因此，中国传统孝道把"侍疾"作为重要内容。"侍疾"就是如果老年父母生病，子女要及时诊治，精心照料父母，多给父母生活和精神上的关怀。

（4）立身。《孝经》云："立身行道，扬名于后世，以显父母，孝之终也。"这就是说，做子女的要"立身"并成就一番事业。儿女事业上有了成就，父母就会感到高兴，感到光荣，感到自豪。因此，终日无所事事，一生庸庸碌碌，这也是对父母的不孝。

（5）谏诤。《孝经》指出："父有争子，则身不陷于不义。故当不义，则子不可以不争于父……"人非圣贤，孰能无过。父母有过错时子女要及时、适当地对他们进行劝谏。

（6）善终。《孝经》指出："孝子之事亲也，居则致其敬，养则致其乐，病则致其忧，丧则致其哀，祭则致其严。五者备矣，然后能事亲。"儒家的孝道把送葬看得很重，在丧礼中要遵守各种礼仪。

66. "三下乡"活动的内容是什么？

"三下乡"活动是指文化、科技、卫生"三下乡"。为了促进农村文化建设，改善农村社会风气，密切党群、干群关系，深入贯彻党的十四届六中全会精神，大力推进农村精神文明建设，满足广大农民的精神文化生活需求。1996 年 12 月，中共中央宣传部、国家科学技术委员会、农业部、文化部等十部委联合下发了《关于开展文化科技卫生"三下乡"活动的通知》。

文化下乡：包括图书、报刊下乡，送戏下乡，电影、电视下乡，开展群众性文化活动。

科技下乡：包括科技人员下乡，科技信息下乡，开展科普活动。

卫生下乡：包括医务人员下乡，扶持乡村卫生组织，培训农村卫生人员，参与和推动当地合作医疗事业发展。

第四章

焕发乡风文明新气象

67. 乡风文明的内涵是什么?

乡风文明在中国进入新时代以后有了全新的内涵。一是新时代的乡风文明是传统与现代的融合。习近平总书记在党的十九大报告中指出,中国特色社会主义文化,源自于中华民族五千多年文明历史所孕育的中华优秀传统文化,熔铸于党领导人民在革命、建设、改革中创造的革命文化和社会主义先进文化,植根于中国特色社会主义伟大实践。乡风文明建设正是在传统与现代的结合中形成时代特色。乡风文明不仅传承了优秀的家风、村风,继承和发扬了尊老爱幼、邻里互助、诚实守信等优秀传统文化,同时也包含了"五位一体"(经济建设、政治建设、文化建设、社会建设、生态文明建设)和"五大发展理念"(创新、协调、绿色、开放、共享)等文明乡风建设的新内容。二是新时代的乡风文明要实现乡村文化与城市文化的融合。不仅要体现乡村传统民俗、风俗等乡村文化,也要让农民在原有村庄肌理上享受现代城市文明。三是新时代的文明乡风建设要体现中国文化与世界文化的融合。文化自信,体现在对乡村文化的自信,中国乡村是文化宝库,蕴含着丰富的生态文明理念,中国的文明乡风建设在吸纳世界文明成果的同时也要对世界文明作出中国贡献。

68. 乡风文明的基本原则是什么?

（1）坚持社会主义的本质要求。

（2）符合乡村社会的实际情况。

（3）提倡并实现乡村社会和谐。

（4）借鉴学习传统文化有益成果。

69. 乡风文明的基本要求是什么?

（1）一切为农，坚持以农民为主体，以农民为基本单位。

（2）乡村的社会、经济与文化同步发展。

（3）促进城乡结合，统筹城乡协调发展。

（4）提升乡村可持续发展能力。

70. 乡风文明的评价标准是什么？

（1）农业生产力发展，农民生活质量提高。

（2）乡村集体经济得以发展。

（3）乡村社会保障体系基本健全。

（4）乡村社会生活和谐有序。

（5）乡村优秀文化传统得以传承弘扬。

（6）乡村生态环境自然宜人。

71. 乡风文明的基本特征是什么？

（1）整体性与协调性。

（2）开放性与包容性。

（3）民族性与世界性。

（4）时代性与稳定性。

（5）创新性与前瞻性。

72. 乡风文明的八项行动是什么?

（1）开展婚丧嫁娶革新行动，破除陈规陋习，推动形成文明节俭新风尚。

（2）开展乡风民风评议行动，引导广大群众由"要我文明"向"我要文明"转变。

（3）开展村规民约倡树行动，使其成为村民共同认可和遵守的行动规范。

（4）开展社会主义核心价值观宣教行动，形成常态化的宣传工作机制。

（5）开展优良家风培育行动，在全社会推动形成注重家庭、注重家教、注重家风的共识。

（6）开展环境卫生洁美行动，建立健全长效保洁机制。

（7）开展先进文化惠民行动，更好地满足人民群众日益增长的美好生活需求。

（8）开展文明村镇创建行动，使文明村镇成为弘扬、倡树乡风文明的重要阵地。

73. 乡风文明建设的指导思想是什么?

2006 年中央一号文件《中共中央　国务院关于推进社会主义新农村建设的若干意见》指出:"倡导健康文明新风尚。大力弘扬以爱国主义为核心的民族精神和以改革创新为核心的时代精神,激发农民群众发扬艰苦奋斗、自力更生的传统美德,为建设社会主义新农村提供强大的精神动力和思想保证。加强思想政治工作,深入开展农村形势和政策教育,认真实施公民道德建设工程,积极推动群众性精神文明创建活动,开展和谐家庭、和谐村组、和谐村镇创建活动。引导农民崇尚科学,抵制迷信,移风易俗,破除陋习,树立先进的思想观念和良好的道德风尚,提倡科学健康的生活方式,在农村形成文明向上的社会风貌。"这就为我们在社会主义新农村建设中进行乡风文明建设确定了指导思想。

党的十九大提出乡村振兴战略,将乡风文明列为乡村振兴的一个重要目标。2018 年,中共中央、国务院印发的《乡村振兴战略规划(2018—2022 年)》明确指出:"乡村振兴,乡风文明是保障",新时代要焕发出乡风文明的新气象,进一步丰富和传承中华优秀传统文化。使乡风文明达到新高度,是我国乡村振兴战略的美好愿景。

74. 乡风文明建设的目标任务是什么？

（1）大力发展农民教育事业，培养社会主义新农村建设主体——新型农民。社会主义新农村建设迫切需要农民的参与，只有充分调动亿万农民的积极性、主动性和创造性，真正从农民的实际需要出发，才能扎实推进社会主义新农村建设。目前，我国农民的整体素质不高，不能适应社会主义新农村建设的需要，必须加强培养新型农民。面对庞大的需要培训的农民群体，我们首先要从农民素质的基本状况和农民真正的实际需要出发，结合新农村建设的需要，确定不同的培养对象，分类分批采取形式多样、行之有效的方式和手段培养出建设新农村的新型农民。

新时代我国农业生产和农村经济发生了历史性、革命性变化。农业产业化经营、农民知识化、农业现代化和农村工业化、城镇化等都需要高素质的新型农民作为支撑。通过多渠道、多层次、多形式的教育培训，培养一大批有知识、讲文明、懂科技、善经营、会管理、敢创新、能致富的新型劳动者。力争到2020年使农村近5亿劳动力的科技文化水平和整体素质普遍得到提高，学历水平平均能达到9年，即达到初中毕业。同时，使广大农民既能掌握一定的现代农业生产技术，又能为合理有序的劳动力转移作好相应的非农职业技能准备。

（2）加强农民思想道德建设。全面促进农民道德建设，要认真实施《公民道德建设实施纲要》，从社会公德、家庭美德等方面入手，以诚实守信、合法致富教育为重点，扎实推进农民思想道德建设工程。大力倡导爱国守法、文明诚信、团结友善、勤俭自强、敬业奉献的基本道德规范，扎实开展社会主义核心价值观教育。不断对农民进行有理想、有文化、有道德、有纪律的"四有"教育，尽快建立有农村特色，适合基层操作的日常行为规范、村规民约，形成文明礼貌、遵纪守法的公民道德风尚。克服小富即满、小富即奢的思想，大力倡导勤俭创业精神，弘扬健康向上的社会风气。

（3）促进农村科技事业改革与发展。农业和农村科技必须贴近农民，把服务基层、服务农民作为核心任务，在科技成果的研究和推广中，要为农民提供便利化的条件，为农民提供低成本、实用易学的技术成果，增强农民对技术的可获得性。加强农民教育培训和科技普及，把农村人口资源转化为巨大的人力资源，全面提升农民的科技文化素质，促进农民的现代化。强化对农业和农村科技的支持，建立政府、企业和民间组织各尽其责又协力合作的关系。加强政府在基础性和公益性科研推广领域的主导地位，加大政府对农业科研和推广的支持强度，增加财政投入，优化科技资源配置和科技创新环境，培植产业化龙头企业和其他企业的科技创新能力，扶持和促进农民合作组织及其他类型中介机构的发展，充分发挥其在科技推广中的作用。协调发展不同地区的农业和农村科技发展速度，特别是加快粮食主产区、生态脆弱区和老少边穷地区的科技进步。在农业和农村科技普遍落后的地方，要有重点、有选择地发展那些有全局影响和战略带动作用的科技难题，集中有限的资源突破制约农业和农村经济社会发展的科技瓶颈，实现科技资源的最有效配置。

（4）继承和发展农村民俗文化。先进文化是建筑在中国传统文化基础上的，先进文化体现的是传统文化发展的方向。没有自己民族土壤的、没有民族形式和民族精神的先进文化是不存在的。先进文化只能是在现实生活土壤中创造。我们继承过去的优秀民俗文化传统，学习外来优秀民俗文化的有益成分，才能造就我们今天新的民俗文化。因此，正确认识处理好继承优秀文化传统与实现民俗文化创新的关系，大力提倡和推进文化创新，努力建设具有鲜明时代精神的当代新民俗，以及坚持对外开放与保持民族文化独立品格的关系，努力建设具有中国气派、中国风格的当代民俗文化，是摆在我们面前的艰巨任务。

（5）加强农村法治建设。加强农村法治建设，促进农村社会生活的法治化，是依法治国，建设社会主义法治国家的重要组成部分，是维护农村长期稳定，保障基层直接民主的基本途径，是贯彻新时期党的农村路线方针政策的根本保证。在农村实行法治，就是要在党的领导下，运用法律手段管理农村的各项事务，为农村的改革、发展和稳定提供强有力的法律保障，从而促进我国农业和农村跨世纪发展目标的顺利实现。我们在农村法治建设中，必须根据农村实际，与时俱进，把握好农村法治建设的方向，才能不断推进农村法治建设，从而不断实现农村的文明和进步。各级党委和政府必须从思想上认识到加强和完善农村法治建设事关农村工作的全局，事关农村经济发展与社会进步，事关农村全面建设小康社会的进程，在推进农村各项工作的过程中，必须始终坚持"一手抓经济，一手抓法制"，使经济实力与法治建设同步发展，坚持依法决策、依法行政、依法办事，努力提高运用法律手段管理农村工作的水平。

（6）深化农村文化建设。按照建设社会主义新农村的要求，经过5年的努力，基本形成适应社会主义市场经济体制、符合社会主义精神文明建设规律的农村文化建设新格局。县、乡、村文化基础设施相对完备，公共文化服务切实加强。农村文化工作体制机制逐步理顺，现有文化资源得到有效利用。文化队伍不断壮大，农民自办文化更加活跃。文化产业较快发展，看书难、看戏难、看电影难、收听收看广播电视难的问题基本解决。农村文明程度和农民整体素质有所提高，文化在促进农村生产发展，生活宽裕、乡风文明、村容整洁、管理民主等方面发挥重要作用。

75. 怎样制定乡规民约？

（1）宣传发动。村民是制定村规民约的主体，因此必须让村民知道、理解并积极参与。为什么要制定村规民约？主要步骤是什么？哪些应写进去、哪些可以不写？制定以后怎样执行？这些问题都要让村民了解清楚。村民委员会要在县、乡两级职能部门的指导下，利用广播、开会、村务公开栏等形式进行广泛宣传。也可以结合日常普法工作，向村民讲解涉及农村的法律政策，讲解村规民约的性质、意义及与国家法律政策之间的关系。尤其要让村民知道的是，村规民约是村民群众自己制定的，约束的是大家的行为，村民委员会只是一个简单的组织者，既没有权力自己制定村规民约，也不能利用它来"收拾"村民。

（2）组建班子。作为民主管理村务的手段，村民委员会有责任主持抓好村规民约的制定工作，但具体的起草任务并不由村民委员会来承担。为体现民意，起草村规民约的班子应先由村民代表会议民主推选产生，再由村民委员会聘请。村民委员会还要确定专人负责组织和协调，为起草班子的工作提供便利。起草班子可命名为"××村村规民约起草小组"。起草小组成立后，要尽快拟定工作时间表。在组建班子时，村民委员会千万不要赋予自己特权，随意任命或指定起草小组。

（3）草拟初稿。起草小组应根据工作时间表，及时向村民公告提出建议和意见的方法、程序及截止时间。在充分调查研究及广泛深入群众征求意见的基础上，参考其他村已经制定的规约，先拟定本村村规民约的框架，确定本村需要规约的具体事项，再集中力量对村民提出的各种建议和意见进行分类梳理。经过反复比较、细致研究后，根据多数村民的意见拟出村规民约的初稿。

（4）讨论修改。分三个阶段进行。草稿完成后，起草小组先把它提交给村"两委"，由他们提出修改意见，确定第二稿。再将第二稿提交村民代表会议讨论，根据村民代表的意见确定第三稿。最后以村民小组为单位将第三稿发放到村民手中，再次征求意见，并根据村民意见确定第四稿。在讨论修改过程中，起草小组要在规约条文中尽量反映村民好的意见和建议。对于没有吸收的村民意见要进行必要的解释。当村"两委"的修改意见与村民代表会议的意见相左时，应采纳村民代表会议的意见。

（5）审核把关。修改定稿后，起草小组应以村民委员会名义把村规民约草案提交乡镇或县的基层司法部门，由他们就是否与法律规定相冲突问题提出意见。乡镇或县的基层司法部门主要从法律和政策角度对村规民约草案进行审核，并将审核意见以书面形式反馈给起草小组。起草小组根据基层司法部门的意见进行修改，形成第五稿。对基层司法部门指出的违反国家法律及政策规定的草案条款，要坚决改正，并及时向村民代表会议和广大村民通报。

（6）表决通过。由村民委员会主持召开村民会议，村规民约起草小组向村民作起草说明，并逐条解释后交付村民表决。最规范的表决方式当然是投票，也可以举手通过。以征集签名代替村民会议的做法不可取。根据《村民委员会组织法》的有关规定，户代表会议也是村民会议的一种形式。因此由户代表会议表决通过村规民约，并不违法，但必须有本村2/3以上的户的代表参加会议，并经到会人员的过半数通过方为有效。如果表决不能通过，起草小组要再次征求村民意见，修改后再行表决。

（7）乡镇备案。村规民约经村民会议表决通过后，起草小组就算完成了工作任务，可以宣布解散了。接下来，村民委员会要正式向乡镇人民政府送达备案文书。备案时应附有制定过程说明、起草小组人员名单及乡镇、县基层司法部门出具的书面审核意见。

（8）公布实施。村民委员会通过开会、张贴等形式向村民公布新的村规民约，宣布其生效日期。在条件许可的情况下，也可以印刷成小册子，一户一册免费发放到村民家中，以备随时查阅。至此，村规民约的制定完成了最后一道程序。

需要注意的是，民选的村民委员会在制定村规民约过程中发挥作用，要严格限定在组织者这一角色上。不能将自己的意见强加到群众头上，更不能随意更改村民代表会议或者村民会议已经讨论通过的条款。只有这样，村规民约才能具有双向约束功能，才能真正让群众放心，群众才愿意遵守。由于村规民约事关本村全体村民的切身利益，需要全体村民的共同维护，为增加其权威性，根据法律规定，村民会议不得将制定村规民约这样的事项授权村民代表会议表决通过。

另外，村规民约还应保持一定的连续性。并不是每一次选举产生的村民委员会都要制定新的村规民约。如果本村村民自治制度比较健全，已经有成形的村规民约，而本村情况又没有太大变化，就不需要再重新制定，只要就某些条款进行修订就可以了。是重新制订还是修订，或者仍沿用原来的不作更改，其决定权在村民会议或者经授权的村民代表会议，不能由村民委员会说了算。一个可供参考的方法是：在村民委员会选举用的选票上，同时印上拟制定新的村规民约或者修订旧的村规民约的选项，村民画票时一并作出选择。选举结束后，根据多数村民意见决定是重新制订还是修订村规民约，由新选举的村民委员会实施。

76. 社会主义新农村乡风文明建设的特点是什么?

（1）继承性与创新性。文化是人类在特定的时代特定的地区的物质生活状况、社会风俗习惯、社会精神面貌、社会意识形态和社会组织机构等的集合和凝结，是社会物质财富和精神财富的总和，同时，人类文化的发展具有历史连续性和继承性。因此，发扬传统文化与文化的开拓创新是有机统一的，继承是创新的重要基础，创新是继承的必然要求。

目前，在我国农村依然保存着许多淳朴的文明乡风民俗，在新农村的乡风文明建设中，我们既要从优秀的传统文化中吸取精华，使之发扬光大，又要学习和借鉴先进文化使农村文化不断得到创新和发展。只有这样才能适应新时期农村社会发展的需要，更好地推动社会经济的发展和繁荣。

（2）多样性与地方性。我国地域辽阔、地理环境复杂、民族众多，故而农村文化呈现出多样性。同时，我国农村文化又极具地方特色，呈现出明显的差异性、民族性、地域性等特点。因此，建设社会主义新农村的新型乡风文化不可能采取"大一统"的模式，而应该坚持多样性和兼容并蓄的方针，同时又要尊重各地方的民族特色文化，发展各民族文化，做到各民族文化的共同繁荣、百花齐放。

（3）主体性与实用性。农村文化是在广大农民群众的长期社会实践中发展起来的，亿万农民群众及其社会实践是新农村文化建设的主体和重要载体。在社会主义新农村文化建设中，农民群众不但是新农村文化的创造者，同时又是新农村文化的享有者。因此，在新农村文化建设中，必须充分尊重和发挥广大农民群众的主体地位，充分发挥他们在新农村文化建设过程中的积极性和主动性。在新农村文化建设中，我们既要使农村文化建设服务于优良传统，同时又要满足当代农村社会的实际经济发展需要。

（4）开放性与先进性。文化一方面具有强烈的历史继承性，另一方面又具有明显的变迁性和时代性。尤其是随着现代社会经济的发展、科技的进步以及信息传播的迅速，文化变迁越来越明显和加速，并日益呈现出越来越开放的局面。因此，在当代，农村文化建设要主动吸收和借鉴各种不同的文化思想和外来文化，兼收并蓄形成独特的富有时代性和开放性的新农村文化。同时，农村文化建设要始终坚持先进文化建设的方向，倡导健康文明新风尚。大力弘扬以爱国主义为核心的民族精神和以改革创新为核心的时代精神，激发农民群众发扬艰苦奋斗、自力更生的传统美德，为建设社会主义新农村提供强大的精神动力和思想保证。

77. 社会主义新农村乡风文明建设的基本内容有哪些？

（1）新型农民培养与农民教育。无论是发展生产，还是增加收入，无论是推动民主管理，还是实现乡风文明，农民的素质都是最基本的条件。建设社会主义新农村就是要解决农业、农村和农民问题，特别是要解决好农民增收、保障农民权益的问题。这是新农村建设的基本出发点和最终归宿。要实现这样的目标，不造就千千万万高素质的新型农民是不可想象的。因此，依托产业发展对农民开展农业实用技术培训和职业技能培训，同时积极引导和教育农民遵纪守法、提高修养、崇尚科学、移风易俗，使之成为有文化、懂技术、会经营的新型农民，为推进农村产业结构调整，加快农业产业化进程，增加农民收入提供智力支持和人才保障。这是新农村建设最本质、最核心的内容，也是最为迫切的要求。

提高农民的整体素质，是把农村巨大人口压力转化为人力资源优势的根本途径，也是持续推动社会主义新农村建设的力量源泉。因此，加快发展农民教育事业具有重要的战略地位。在新农村建设背景下，农民教育的发展应当在现有基础上，树立新的教育目标，融入新的发展理念，赋予新的教育内容，挖掘农民教育的新功能，构建适合中国农村和农民特点的教育新体系。

（2）农民思想道德建设。农民思想道德建设作为传统文化道德与当代中国社会发展状况的结合，是我国社会主义新农村乡风文明建设的重要内容。农民思想道德建设是农村精神文明建设的核心内容和中心环节。农民思想道德建设要从农村和农民实际出发，要大力弘扬民族精神和时代精神，坚持不懈地进行党的基本理论、基本路线、基本纲领教育，进行爱国主义、集体主义、社会主义教育，进行正确的世界观、人生观、价值观教育，引导农民群众坚定走中国特色社会主义道路。同时，引导农民群众发扬中华民族艰苦奋斗、自强不息的优良传统，以诚实守信为重点，积极倡导社会公德、职业道德、家庭美德。发扬与时俱进、改革创新的时代精神，增强发展意识、效率意识、竞争意识，推动实施公民道德建设工程，促进农村形成团结互助、扶贫济困、平等友爱、融洽和谐的良好风尚。

（3）加快农村科技发展。农业是农村的主要产业，是农民收入的基本来源，建设现代农业对发展农村经济和增加农民收入具有十分重要的意义。因此，农业的发展是解决我国"三农"问题的主要措施。在影响农业发展的因素中，科技的作用是极大的。与农业科技的发展相对应，人和物等其他的因素都是在此基础上所产生或是与此相关的，如科技的发展使得劳动者的素质提高、劳动对象扩大，使得农业的经营规模扩大、产业结构调整成为可能，等等。科技在促进农业发展的同时，也对农村和农民产生巨大影响，因此，新时期农业和农村科技的发展是我国"三农"问题解决的突破口。

（4）继承和创新农村民俗文化。继承过去的优秀民俗文化传统，学习外来优秀民俗文化的有益成分，才能造就我们今天新的民俗文化。因此，正确认识处理好继承优秀文化传统与实现民俗文化创新的关系，大力提倡和推进文化创新，努力建设具有鲜明时代精神的当代新民俗，以及坚持对外开放与保持民族文化独立品格的关系，努力建设具有中国气派、中国风格的当代民俗文化，是摆在我们面前的艰巨任务。

（5）加强农村法治建设。社会主义和谐社会的一个重要标志，就是社会稳定、人民安居乐业。建设社会主义新农村，是贯彻落实科学发展观的具体体现。作为农业大国，加强农村法治建设，维护农村社会治安秩序稳定与良性发展，对于维护农村政治安定、社会稳定，保证农村改革和经济发展的顺利进行，对于建设社会主义新农村，构建社会主义和谐社会有着重要的实践价值。

（6）大力推进农村文化建设。农村文化体制的转换和建设，为社会主义新农村文化建设提供了新动力和制度保障。农村文化建设还要重视和培育内生机制。农村文化建设是一项社会系统工程，只有齐抓共管，形成合力，才能改变目前的一些被动局面。积极推进农村文化建设必须要在三个方面，即农村文化体制改革、农村文化设施建设和开展文化活动。

78. 什么是"十星级文明户"？

"十星级文明户"是中共中央在 2008 年后开始在全国农村

实行的一种新文化整风运动，透过评选各村中一定数量的"十星级文明户"达成带头作用。每两年评审一次，动态管理。评选活动在乡党委、乡政府的领导下，由乡社会事务办公室和新农村建设办公室统一负责，由各村授牌，乡党委、乡政府对获"十星"农户在村大会上命名表彰。先由农户按照评选标准自我认星报名，之后召开村民代表大会，由群众评议，由村党支部、村民委员会对评选户做检验考核，认定成功后立卡建档，并对获"十星"农户上报到乡，颁发"十星级文明户"名牌于农户家门牌下方。连续三年获得"十星级文明户"荣誉称号的，推荐到上级进一步表彰。而违反相关规定被撤销荣誉称号的，两年内不得再参加"十星级文明户"评选。

79. 农村"十星级文明户"的评选标准是什么？

（1）爱国星——爱党爱国，关心集体。树立社会主义核心价值观，促进农村改革、发展，维护农村稳定，参加乡村各种会议和公益活动。

（2）教育星——重视教育，提高素质。参与农村文化建设，家中 40 岁以下成人无文盲，子女都完成九年义务教育，无辍学现象。订有一份以上党报党刊。

（3）科技星——科学生产，勤劳致富。能熟练掌握 1～2

门农业技术，不弃荒耕地，家庭人均纯收入高于本村平均收入30%以上。带头推广新技术新品种取得实效。

（4）法纪星——学法用法，遵章守纪。不参与黄赌毒，无偷盗、打架、聚众闹事、越级上访，无乱占、抢占、超占宅基地，无偷税漏税行为。

（5）和谐星——家庭和睦，邻里团结。重视家庭美德建设，赡养年老长辈，尊老爱幼，建立起平等、友爱、和谐的家庭和邻里关系。

（6）婚育星——晚婚晚育，计划生育。贯彻《中华人民共和国婚姻法》和《中华人民共和国人口与计划生育法》，不近亲结婚，不包办、买卖婚姻，不转亲换亲，不非法领养，不超生，不包庇超生人员。

（7）新风星——破除迷信，移风易俗。不听信、不参与、不传播封建迷信，坚持婚事新办、丧事简办，不搞巫医算命求神，加强民族团结，坚决与各种邪教组织作斗争。

（8）卫生星——保护环境，讲究卫生。净化、亮化、美化庭院，参与厕厨改造、农村植树，乡风文明、村容整洁，积极参与"新农合"（新型农村合作医疗）。

（9）勤俭星——艰苦奋斗，勤俭持家。自力更生，计划开支，合理安排，不挥霍浪费，不好吃懒做、游手好闲。

（10）公德星——助人为乐，造福乡村。发挥助人为乐的社会主义新风尚，积极拥军优属，扶危济困，自觉维护公共设施，保护集体财产。

80. "五好文明家庭"的评选条件是什么？

1996 年，为贯彻落实党的十四届六中全会《中共中央关于加强社会主义精神文明建设若干重要问题的决议》的精神，大力提倡尊老爱幼、男女平等、夫妻和睦、勤俭持家、邻里团结的家庭美德，中华全国妇女联合会将"五好家庭"活动更名为"五好文明家庭"活动。"五好文明家庭"的评选标准包括以下五个方面：

（1）爱国守法，热心公益好。

（2）学习进取，爱岗敬业好。

（3）男女平等，尊老爱幼好。

（4）移风易俗，少生优育好。

（5）勤俭持家，保护环境好。

81. 文明村的创建标准是什么？

（1）村"两委"班子建设好。以村党总支（支部）为核心的村级组织机构健全，且已创建命名为县级以上"五好"党组织。党员、干部队伍素质高，创建文明村意识强，创建规划和措施落实好。

（2）经济建设效益好，道路、水利等"五好"设施建设完备。农村经济总收入每年保持10%以上增速，农牧民人均收入高于本县平均水平30%。集体积累一定存款，大村10万元，小村5万元。

（3）思想道德教育好。坚持开展思想教育。广大干部群众能认真贯彻执行党在农村的各项方针政策，积极引导农牧民投身社会主义新农村建设，大力发展各种形式的道德实践活动，倡导文明新风，农牧民精神文化生活丰富，基本形成健康、科学、文明的生活方式。

（4）民族团结好。积极开展创建民族团结模范和争当民族团结先进个人活动，各族村民平等互助、团结友爱、和谐相处、共同发展。无参与民族分裂活动和非法宗教活动现象。

（5）社会风气好。文明村民学校开办正常，对党员干部群众普遍进行社会主义核心价值观和文明行为规范教育和养成。干部群众为民、诚信意识强，相互之间团结互助、文明礼让、尊老爱幼、遵纪守法，坚决制止和清除"黄毒赌"、封建迷信等丑恶陋习和现象，坚持移风易俗，反对奢侈浪费、大操大办。

（6）思想文化阵地建设好。文化体育阵地设施基本齐全，作用发挥好。群众性文化体育活动开展正常。村办文化体育活动每年不少于四次（不包括舞会），村民每年接受实用技术培训不少于两次，人均能掌握1~2项实用技术。

（7）社会秩序良好。落实社会治安综合治理措施，村民遵纪守法意识强，无重大刑事犯罪、火灾、交通、工伤等事故，扫黄、打假、打非和除"六害"（指卖淫嫖娼、制作贩卖传播毒淫秽物品、拐卖妇女儿童、私种吸食贩卖毒品、聚众赌博、利用封建迷信骗财害人）斗争成效显著、社会治安综合治理达到规定标准。

（8）村容村貌好。村容整洁，农户家园环境卫生好，公共环境绿化、美化程度高，无严重污染，无"六乱"（乱搭乱建、乱堆乱放、乱设摊点、乱拉乱挂、乱贴乱写、乱扔乱吐）现象。

（9）精神文明建设机制好。不断完善精神文明建设工作领导机制、管理机制、保障机制和激励机制，大力开展群众性精神文明创建活动。文明户评选活动参评率93%以上，十星级挂牌户100%，全村75%的农户评选为"十星级文明户"。

82. 农村民俗文化是什么？

（1）民俗文化。民俗文化是一个民族或一个社会群体在长期的共同生产实践和社会生活中逐渐形成并世代传承的一种较为稳定的文化事象，故有人称它为"民间文化"或"社会生活文化"。民俗文化主要表现在经济、社会、信仰、游艺等方面。

（2）民俗。民俗是中下层民间文化的主要组成部分，是民众世代传承下来，并在民众现实生活中发挥重要社会功能的文化现象，是社会生活中的人们相沿成习的模式化行为。

俗话常说"十里乡俗各不同"，这里的"俗"则指文化，而更偏重于传统文化（或称固有文化）的成分，它是由这一特定地域的政治、经济、历史沿革、生产生活方式等诸多因素长期综合形成的相对稳定的文化现象。

民俗往往最能反映这一地域的文化特征，它是具有地域性、民间性、民俗性的社会文化。

中国各民族在其适应自然、征服自然的社会活动中，以及移民迁徙、地域变迁、民族融合的进程中，逐渐形成了丰富多彩、各具特色的民族事象和民俗行为，以及独特的民俗艺术。

（3）民俗文化的内容和范围。民俗文化包含了各民族物质生活、社会生活及精神生活的各个方面，其内容主要包括生活文化、婚姻家庭和人生礼仪文化、口头传承文化、民间歌舞娱乐文化、工艺美术文化、节日文化、信仰文化等。中国民俗文化以文化和风俗为主体，包括了生产与生活习俗、娱乐竞技习俗、岁时节令习俗、礼仪制度习俗、民间文艺等。内容非常庞杂丰富。

民俗文化的内容：

①物质民俗文化：生产、交换、交通、服饰、饮食、居住等；

②社会民俗文化：家庭、亲族、村镇、社会结构、生活礼仪等；

③精神民俗文化：宗教信仰、各种禁忌、伦理道德、民间口头文学、游艺竞技等；

④心理民俗：指民俗对某一民族心理素质的影响。

83. 移风易俗主要包含哪些内容？

青岛市即墨区①《关于在全市开展移风易俗倡树新风活动的实施意见》（2016年）中《关于移风易俗乡风文明工作实施方案》指出移风易俗主要包含以下几个内容：

（1）婚事新办。依法办理婚姻登记，坚持婚事新办，废除陈规陋习，不讲排场、不讲阔气、不大摆宴席。仪式从简，一天办完，严格控制参加宴席的人员和标准。积极推行集体婚礼、旅游结婚等新型婚礼模式。摒弃滥发请柬、大摆宴席、天价彩礼、高额礼金等陋习。严禁在公共场所乱贴红纸、过度"闹婚"、大量燃放烟花鞭炮等不文明行为。

（2）丧事简办。坚持厚养薄葬，做到老人在世时子女多孝敬，让老人安度晚年。人亡故后一律火化，在尊重民俗的情况下，一切从简，文明祭祀，做到不穿白孝服，不扎纸活，不用响器，不唱戏，不用高音喇叭播放哀乐。简化丧礼程序，控制丧事规模，缩短丧事天数，杜绝出大丧、办长丧、大摆宴席。推行戴黑纱白花、随礼不坐席。

（3）其他喜庆事宜小办。生育、庆寿、定亲、升学、乔迁

---

① 原为山东省县级市，于2017年10月30日正式挂牌成为青岛市辖区。

等喜事小办，禁止互相攀比、大操大办和借机敛财，倡导健康文明的交往方式和合理的消费理念。

84. 文明祭扫是什么？

近些年来，党和政府大力倡导移风易俗，号召群众摒弃焚烧纸钱、燃放鞭炮等污染环境、存在隐患的传统祭祀方式，用鲜花祭扫、网络祭扫等更文明的方式来缅怀先人。群众的安全文明意识逐年提升，文明祭扫理念渐入人心。但也要看到，在清明祭祀中，一些不文明的现象依然存在：纸钱成捆烧、鞭炮大捆放，坟前墓旁也现"攀比"，祭祀品花样百出，还有烧"房子""车子""手机"等纸仿用品。其实，因焚烧纸钱、燃放烟花鞭炮而引发的火灾事故时有发生。清明节作为一个文化符号，不仅是文化的精华，也是文明的缩影，蕴含着独特的民族情感和精神内核，代表着一种根深蒂固的民族情结。如今，随着低碳环保的观念深入人心，人们在继承传统的同时，更要与时俱进，去除糟粕，健康文明的祭扫，才是对先人最好的缅怀。为了在全社会形成文明祭祀的良好风尚，2019 年 4 月 1 日江西省樟树市政府发布《文明祭扫倡议书》，向全市人民发出倡议：

一是提倡新风，摒弃旧俗。提倡以鲜花祭奠、网上祭奠、家庭追思会等文明、安全、低碳的方式，来替代焚烧纸钱、燃放爆竹，将中华民族慎终追远的情感用现代文明的方式来表达。

二是以身作则，传播文明。人人争做文明新风的倡导者和传播者，特别是广大党员干部要做移风易俗的先行者、文明祭扫的带头人，对不文明祭祀行为，坚决抵制，大力劝导，以实际行动影响和带动身边的广大群众。

三是尊老敬老，厚养薄葬。发扬"尊老、敬老、爱老"的传统美德，对在世老人多关心、多尽孝，使他们老有所养、老有所医、老有所乐；对逝者从俭办丧、文明祭祀，不借祭扫之机摆阔气、讲排场。

四是文明祭扫，爱护环境。不在公墓陵园、公园、广场等公共场所和小区道路及绿地焚烧纸钱、燃放鞭炮，不影响他人正常生活，不影响公共环境卫生；不在林区焚烧纸钱、燃放鞭炮，防止发生山林火情。

85. 文明上网是什么？

中国互联网协会 2006 年发布《文明上网自律公约》，号召互联网从业者和广大网民从自身做起，在以积极态度促进互联网健康发展的同时，承担起应负的社会责任，始终把国家和公众利益放在首位，坚持文明办网，文明上网。公约内容如下：

自觉遵纪守法，倡导社会公德，促进绿色网络建设；

提倡先进文化，摒弃消极颓废，促进网络文明健康；

提倡自主创新，摒弃盗版剽窃，促进网络应用繁荣；

提倡互相尊重，摒弃造谣诽谤，促进网络和谐共处；

提倡诚实守信，摒弃弄虚作假，促进网络安全可信；

提倡社会关爱，摒弃低俗沉迷，促进少年健康成长；

提倡公平竞争，摒弃尔虞我诈，促进网络百花齐放；

提倡人人受益，消除数字鸿沟，促进信息资源共享。

86. 什么是文明殡葬？

（1）取得死亡证明书（或经医师诊断确认死亡亦可）。

（2）将遗体迁居正寝，并进行剃头、抹尸、更衣。有条件的可进行整容。

（3）成立治丧委员会或治丧小组，发布讣告，择日开吊。

（4）孝子报丧：家族、外戚的至亲及友好近邻，孝子应去报丧。见亲友只行鞠躬礼，不披麻缚草绳，胸前佩白花，左腕披黑纱。

（5）三服以内之亲，在左腕圈黑纱。

（6）火葬：用民政局殡葬车或自备车辆送遗体去殡葬馆火化。骨灰用专用盒子装载，带入孝堂。

（7）孝堂挂死者遗像、挽联，放"奠"花圈，播放哀乐。

（8）出殡：骨灰盒留殡仪馆者免。出殡时不放钱不撒买路钱。不搞大出殡。

87. 什么是婚丧礼俗新风?

倡导婚事新办,提倡公益婚礼、集体婚礼、旅行结婚等婚庆办理形式,营造俭朴、文明的婚庆氛围,破除低俗恶搞陋习,不讲排场、不搞攀比,树立新型婚俗观,形成崇尚勤俭节约、反对奢侈浪费的良好社会风尚。

倡导丧事俭办,提倡树葬、花葬、草坪葬等多种形式的生态葬法,逐步实现骨灰处置方式的多样化、生态化,形成新的集约型、循环型的科学文明的骨灰处置方式。倡导孝老厚养,各乡镇、村(社区)要把赡养老人纳入村规民约,签订赡养协议,孝老厚养做到有组织管理、有村规约束、有协议监督、有奖惩激励,推动改陋习、树新风,在全社会形成"厚养薄葬、文明节俭"的新风尚。

倡导不办除婚丧事以外的喜庆事宜,遵守健康文明的社交礼仪,抵制各种庸俗的社会交往方式,拒绝乔迁、祝寿、升学、生日、参军、满月、同学会、生病慰疾等名目繁多的宴请活动。禁止封建迷信活动,任何单位和个人办理丧事,都不得搞看风水、攀阴亲等封建迷信活动。

88. 红白理事会是什么?

甘肃省武威市凉州区民政局发布《关于加强红白理事会建设的指导意见》,部分规定如下:

(1) 人员构成。红白理事会成员由村 (社区) 党组织成员、村委会成员和村 (社区) 内有威望、有影响、处事公道、责任心强、热心服务的党员、群众代表及乡贤群体组成。红白理事会可根据本村 (社区) 人数和实际情况设会长 1 名,副会长 1 名,理事 3~5 名。原则上,会长由村 (社区) 党支部书记担任,副会长由村 (居) 委会主任担任,理事由村 (社区) 德高望重的党员、群众担任。以上人选在村 (社区) 党组织及村 (居) 委会的指导下,采取提名选举通过的方式确定。在红白理事会中,女性成员要占有一定比例,红白理事会人员出现空缺,要及时调整补充。

(2) 工作职责。红白理事会要积极向群众宣传党的方针政策,认真贯彻执行有关法律、法规、政策,引导群众树立勤俭节约的文明新风,耐心做好群众的思想疏导工作,主动热情地为婚丧事主做好服务,倡导村民破旧俗、树新风,减轻村民负担,促进社会稳定、家庭和睦。各红白理事会仅限在本村 (社区) 范围内开展活动,不得跨区域、超范围开展业务;不得开展以营利为目的的服务项目。

各村（社区）红白理事会要认真贯彻落实党和国家有关婚丧嫁娶的政策规定，大力推行和组织引导婚丧领域的各项政策，推动移风易俗，树立文明乡风。在充分尊重乡规民俗、遵守婚姻和殡葬等相关法律法规的基础上，确定婚丧嫁娶办事程序、服务规范、消费标准等具体规定。加强监督约束，引导农民群众推进移风易俗，树立婚丧嫁娶新风尚，对目前存在的"高价彩礼"、大操大办婚丧事宜等情况进行说服劝解制止。

（3）红白事办事原则和办事标准。红白理事会要动员组织群众发挥自治、德治作用，践行婚丧事宜新办简办，做新时代风尚的倡导者、践行者和引领者。在婚嫁彩礼方面积极倡导，不超过上年度城乡居民人均纯收入 4 倍的标准，建议婚丧宴席规模不超过 20 桌，宴席标准每桌不超过 800 元（不含烟酒），礼金不超过 200 元。各村要以村规民约的形式公告乡邻，实现群众自我管理、自我监督、自我约束。

①操办婚事的原则。一是坚决按照《婚姻法》和《婚姻登记条例》有关规定，严禁包办买卖婚姻和其他干涉婚姻自由的行为；

二是婚事要坚持喜事新办，废除陈规陋习。不得事前事后宴请镇村干部、红白理事会成员吃席饮酒，尽量减少不必要的礼节和缩短举行各种礼仪时间，提倡参加集体婚礼或旅游结婚；

三是婚嫁不讲排场、不讲阔气、不大摆宴席，加强彩礼控制，坚决杜绝民间媒人哄抬彩礼现象，禁止借婚姻索取财物。加强酒席控制，革除大操大办，反对铺张浪费。酒席桌数、菜品标准、烟酒档次等由各村红白理事会按制定的标准严格控制。

②操办白事的原则。一是尊重传统礼仪，倡导"厚养薄

葬"理念，坚持厉行节约，禁止铺张浪费，摒弃虚讲排场，缩减报丧范围，提倡最长不超过三日办理出殡仪式，简化治丧形式，提倡除直系亲属穿孝服外，其余亲朋戴白花，实行文明节约吊唁；

二是加强酒席控制、革除大操大办、反对铺张浪费。提倡生态安葬，火葬区要推行火葬、树葬、花葬、草坪葬等低碳方式，土葬改革区使用棺木入土安葬的，棺木购置应本着节俭原则，摒弃在棺木上"虚讲面子"。

③操办其他事宜的原则。倡导除"婚酒""丧葬酒"外，婴儿满月、子女开学、平常生日、乔迁新居、参军入伍等一般事宜不办酒席。

89. "合约食堂"是什么？

"合约食堂"是指，贵州省黔东南苗族侗族自治州天柱县2014年率先在渡马镇甘溪等村寨试行的乡村酒宴管理模式，它具有的优点是：乡村酒席统一办理、统一使用厨具、统一采购，并明确可办酒席的种类、桌数、酒席标准、送礼的标准等。遏制了滥办酒席，借机敛财的不良风气，酒席安全、卫生等也得到了保障。

大操大办之风在各地农村日渐蔓延开来，除婚丧嫁娶酒外，乔迁酒、生日酒、升学酒、立碑酒、参军酒、建房酒、满月酒等名目繁多，让人应接不暇。

在合约食堂办酒，想"大操大办"是不可能的，各家各户办酒席的标准一致，不得擅自提高档次，酒席上自酿米酒或白酒，白酒价格不超过 20 元/瓶，香烟价格不超过 13 元/包。操办酒席的条件，食堂也作了明文规定：子女升学、非首次乔迁新居、生日庆典、参军入伍等酒席，食堂拒绝操办。

90. 什么是新农村建设中的"五乱"？

（1）垃圾乱丢。

（2）摊点乱摆。

（3）工地乱象。

（4）广告乱贴。

（5）车辆乱停。

91. 什么是新农村建设中的不良"三风"？

不良"三风"是指在农村中较为盛行的以请客送礼、打牌赌博、封建迷信这三类"不良"活动为主的不良风气。不良"三风"在农村一些地方仍较盛行，是农村社会中存在的突出问题，也是文明新农村建设中需要解决的难点问题。

92. 什么是良好家风、淳朴民风?

（1）良好家风。引导农民群众从自身做起、从家庭做起，积极营造爱国爱家、相亲相爱、向上向善、共建共享的社会主义家庭文明新风尚。坚持廉洁齐家、树立良好家风。

（2）淳朴民风。深入挖掘农耕文化蕴含的优秀思想观念、人文精神、道德规范。支持农村地区优秀戏曲曲艺、民间文化等传承发展。建立文艺结对帮扶工作机制，深入开展文化惠民活动，持续推进移风易俗，弘扬时代新风，遏制大操大办、厚葬薄养、人情攀比等陈规陋习。

93. 什么是"扫黄打非"?

"扫黄打非"是文化市场管理的一个专业术语，是一项执法活动，是维护国家文化安全和文化市场秩序的重要举措。

"扫黄"是指扫除有黄色内容的书刊、音像制品、电子出版物及网上淫秽色情信息等危害人们身心健康、污染社会文化环境的文化垃圾。

"打非"是指打击非法出版物，即打击违反《中华人民共和国宪法》规定的破坏社会安定、危害国家安全、煽动民族分裂的出版物，侵权盗版出版物以及其他非法出版物。

94. 农村常见的十大不文明行为有哪些?

（1）生儿育女、升学参军、乔迁新居、生日寿宴、红白喜事等大操大办，借机敛财。

（2）对老人不尽赡养义务，不孝敬老人，甚至打骂、虐待老人。

（3）家庭暴力、夫妻吵架、打骂孩子。

（4）乱倒生活垃圾、乱排生活污水、乱堆乱放杂物。

（5）村内养殖户畜禽粪便随意堆放在大门外，影响附近居民生活。

（6）病死畜禽尸体随意丢弃，不掩埋，污染环境。

（7）给庄稼打药时，乱扔药瓶，既污染环境又危害儿童生命安全。

（8）挤占公共道路和公共用地，在家门口乱搭乱建。

（9）薄养厚葬，大力操办丧事，哀乐扰民。

（10）农闲时，打麻将、打扑克等赌博现象时有发生。

95. 农村新型陋习有哪些？

（1）吃野生动物。

（2）乱扔废弃物、乱倒垃圾和污水。

（3）随地吐痰，咳嗽、打喷嚏不掩口鼻。

（4）在公共场所抽烟以及随地丢掉烟头。

（5）随地大小便。

（6）厕所脏乱臭。

（7）占卜算命、搞封建迷信。

（8）不重视环境卫生、家居卫生。

后　记

　　这本小册子由我来完成，其实有点偶然。2018 年 7 月，还在新加坡国立大学访学的我收到丛书主编何老（何丞，大家尊称他为何老）的编写邀请。开始倍感忐忑，原因有二：一来虽然基层治理一直是个人学术研究的主要领域之一，但相关工作要么是纯粹的学术研究，要么是政策研究，对这种科普读物的写作不是很熟悉；二来，懂法律树新风对我而言也是一个比较新的主题，怕把自己把握不好。但细看之下，立即被编写方案的内容所吸引。在国家大力提倡乡村振兴的大背景下，丛书内容全面，形式新颖，既能全面涵盖乡村振兴的主要内容，又便于农民群众理解。自己曾主持完成广州市文明公约调研工作，又指导过送法下乡的硕士论文，这两块内容还不算陌生；加之，作为长期从事基层治理研究的农业大学的教师，也不想错失一次为从村基层出点力的机会，便欣然应允下来。

　　接受总是简单，解决太难。科普读物虽然不像学术研究那样要求创新、严谨，但也总要追求科学、写得靠谱。引用何老的说法，"完成任务的唯一办法就是学习"。在何老"紧扣中央政策精神，聚焦农民关心话题"的总要求指导下，紧锣密鼓搜集资料，在洪莹莹、肖裕凡和曾欣三位编写组成员的全力协助下，拿出了提纲一稿。何老看后温婉地举起柴刀（何老自称何老柴）如雕玉般"切磋琢磨"，指示增加习近平总书记视察广东的最新相关精神，平衡不同部分的篇幅结构并对写作文风给出建议。收到指示后编写组成员重整思路，提纲二稿比一稿调整了三分之一多，又经修改，终于敲定三稿。

小册子付梓之际还要感谢广东人民出版社政治读物编辑室的全体编辑，修改的"花脸稿"那叫一个认真、细致、专业，看的我这个也算是搞文字工作的人汗颜非常。

懂法律、树新风是乡村振兴战略的目标要求，也是建设社会主义法治国家、文明国度的内在要求。希望这本小册子能为上述目标作点贡献。

感谢何老的邀请和指导，感谢出版社的信任和支持，感谢编写组三位女士的辛劳。再次引用何老的谦谨"本书有不当的地方，请批评指正，我努力改，我们努力改"。

武玉坤

2019 年 8 月